主编　肖　川
译注　周　颖　刘胡权
编写　周　颖　刘胡权　崔艳艳　陈　胜
陈邦伟　林冬松　骆　婧

寻根溯源

名师导读

主编　肖川

CNS
岳麓书社·长沙

图书在版编目(CIP)数据

寻根溯源百家姓/肖川主编. —长沙:岳麓书社,2013.12(2022.10 重印)

(名师导读)

ISBN 978-7-5538-0107-0

Ⅰ.①寻… Ⅱ.①肖… Ⅲ.①古汉语—启蒙读物 Ⅳ.①H194.1

中国版本图书馆 CIP 数据核字(2013)第 061020 号

XUNGEN SUYUAN BAIJIAXING

寻根溯源百家姓

主　　编:肖　川

责任编辑:蔡　晟　雷冬梅

责任校对:舒　舍

封面设计:谢　颖

岳麓书社出版发行

地址:湖南省长沙市爱民路 47 号

直销电话:0731-88804152　0731-88885616

邮编:410006

版次:2013 年 5 月第 1 版

印次:2022 年 10 月第 3 次印刷

开本:710mm×1000mm　1/16

印张:8

字数:95 千字

印数:33 001—36 000

ISBN 978-7-5538-0107-0

定价:24.80 元

承印:廊坊市博林印务有限公司

如有印装质量问题,请与本社印务部联系

电话:0731-88884129

序 言

当今社会，“国学热”方兴未艾，解读国学名著的学者文人通过电视传媒的方式更是被万众景仰。这些学者文人对中国文化的解读，甚或对中国古代人们深层心理的深刻分析，都不乏真知灼见，其讲解也如金声玉振，字字珠玑。当然，人们对国学的热衷，其实是对中国传统文化的热情，人们对解读者的追捧，其实是被中国传统文化所散发的思想魅力深深吸引。

但同时我们也要清醒地意识到，中国传统文化存在着诸多先天的缺陷，诸如太多的封建时代的思想、缺乏充分而严格的论证等，我们在了解和学习时，需要剔除其糟粕，汲取其精华。这对于面向现代化、面向世界、面向未来的中小学生来说尤其是值得注意的事情。

作为现代的中国人，特别是中小学生，我们无需也不必把所谓国学的经典（“四书”“五经”之类）像古人一样读得滚瓜烂熟、倒背如流，甚至悬梁刺股、韦编三绝，以至于孜孜以求、皓首穷经。我们其实只需要对国学有所了解，有所辨识，有所吸收就可以了。我们需要了解中国传统文化思想的主要内容，需要知晓其产生与发展的历史渊源，进而辨识其与现代文化思想的同与不同，以不使自己作为中国人而数典忘祖，以不使自己成为历史虚无主义者而洋洋自得。同时，在此学习的过程中，使自己成为具有现代思想的中国人。

我们这套书也在解读着中国的传统文化，但我们并不想从古代中国成人所读的那些“四书”“五经”去分析，也不从那些国学中的显学人物孔子、庄子的思想去解读，而是眼光向下，俯首去解读那些古代孩子们读的蒙学读本，以此去解读中国传统文化的精髓。

蒙学读本也称“蒙养书”“小儿书”，是专为学童启蒙教育编写的在庠序、书馆、塾学使用的课本，相当于我们现代的小学语文教材。《三字经》《百家姓》《千字文》《弟子规》都是中国古代蒙学读本中流传广泛、影响久远的经典之作。

这些蒙学读本，不仅有识字的功能，还有增长见闻、了解社会、接受传统文化思想的功能。这些蒙学读本“包罗宇宙天地人，纵贯华夏五千年”，包括了“天文、地理、历史、人事、修身、读书、农艺、宫室、祭祀”等方面的内容，而且“意蕴精微，深寓于十三经、二十五史、诸子百家”，是真正的“袖里通鉴纲目”。可以说，这些蒙学读本浓缩了中华传统文化的精髓，也凝聚着中国古代人民的智慧。

中国古代有“化三千”的说法，就是“教化蒙童须读《三字经》《千字文》，以习见闻，以明义理”。“化三千”的说法，凝炼地表达了《三字经》《千字文》等蒙学读物对儿童的教化作用，以及对儿童今后思想所起的奠基似的功用。当然，这其实也是对一个民族的思想所起的奠基作用，更是对整个中国文化所起的奠基的作用。

因此，如果你要想去了解中国传统文化的精髓，探寻中国人的文化心理，大可不必埋首于那些皇皇巨著的“四书”“五经”中去寻找答案，只要认真阅读《三字经》《百家姓》《千字文》《弟子规》这样的古代传统蒙学读本就能找寻到中国文化的精髓，就能探究到中国人深层的文化心理。要知道，一个人在少年儿童时期读的书决定着他今后思想发展的方向。因为少年时期是一个人价值观、人生观、世界观形成的关键时期，他在这个时期所读的书，所受到的思想和文化的熏陶将影响到他的整个人生态度、意志信念与精神品质。我国现代著名教育家陶行知先生就认为“人格教育，端赖六岁以前之培养。凡人生态度，习惯，倾向，皆可在幼稚时代立一适当基础”。因此，你如果想要了解一个人的思想，不仅要看他成年之后所读的书，更重要的是要看他少年儿童时期所读的书；你要理解一个民族和一个国家的文化心理，不仅要看这个民族的文化经典，也要去看看这个民族的国民在少年时期所读的蒙学书籍是什么。

《三字经》《百家姓》《千字文》《弟子规》涵盖了我国古代蒙学读物的精华要义，具有浓厚的传统文化韵味。这些书的内容精简易懂，其行文抑扬顿挫，富有韵律，既适合中小学生诵读记忆，又能满足中小学生了解中国传统文化思想的需求。当然，我们反复要强调的是，在中国传统文化的学习继承中，“取其精华，去其糟粕”始终是应当坚守的原则。譬如《三字经》所宣扬的“君为臣纲，父为子纲，夫为妻纲”；《千字文》所乐道的“世禄侈富，车驾肥轻”，无不留有那个时代的烙印，必须对此有清醒的认识。

中华文化博大精深、源远流长，在今天全球化的背景下，中华文化是我们的精神家园。它滋养着我们，也塑造着我们。同时，我们也要意识到，当今社会所追求的自由、平等、民主、博爱、人权等普世价值在我们的传统文化中是缺失的，这是我们的文化处境。因此，在当今社会，我们更需要真诚的文化自觉，需要意识到中华文化的可资利用的元素，同时意识到它的局限性，在我们自觉的文化追求中，把我们自己培养成为在全球化时代具有人类意识和世界眼光的现代中国人。

有鉴于此，我们精心编写了这套面向中小学生的《名师导读丛书》，力求在保证经典原汁原味的基础上，剔其糟粕，彰其精华，有意灌注新的文化血液，提升其时代意义。

这套书以中小学生为阅读对象，因此，书中相应的“国学故事”“文化常识”和“文化解读”都是以中小学生所拥有的知识背景为前提而编写的，不仅对于中小学生了解这些蒙学读本的原文、注释、译文有所帮助，更主要的是帮助中小学生理解原文中相应的中国传统文化的主要内涵。同时，可以让同学们在阅读本书时，与自己所学过的语文教材和历史教材的相关内容互为印证，提高同学们学习的兴趣。

总之，《三字经》《百家姓》《千字文》《弟子规》作为我国古代高度浓缩的中国文化读本，同学们应该了解其内容，掌握其知识，批判性地吸收中国古代传统文化的精髓，帮助我们成为具有现代观念的中国人，并使中华文化最终能够贡献于一个“基于生活质量而非个人财富无限积累的可持续性的文明”。

目录

全书导读 /001

原文 /001

文化常识 /002

中国姓氏起源 /002

中国姓氏的传说 /005

中国姓氏来源 /007

姓氏属地、姓氏来源、本姓名人 /015

文化解读 /090

寻根“路线图”：家谱 /090

姓与“郡望” /095

姓氏分布不平衡，大姓人口爆炸 /099

中国古代的姓、氏、名、字、号 /101

传承姓氏文化 /105

附录 /107

中国的趣味姓氏 /107

容易读错的姓氏 /109

中国姓氏的当代形式 /111

全书导读

中华民族历史文化的活化石

“请问您贵姓?”

姓氏不仅是中国人初次见面时必问的问题，其中蕴藏的文化内涵也不一般。中国姓氏文化源远流长，每一种姓都包含其独特的、丰富的文化内涵，开枝散叶、生生不息，孕育出优秀的中华儿女。

中华民族有5000多年的姓氏历史，它是灿烂文化的重要组成部分，也是独特的世界文化遗产。姓氏文化中，《百家姓》是我国流行最长、流传最广的一种蒙学教材。

“赵钱孙李，周吴郑王，冯陈褚卫、蒋沈韩杨……”这读来朗朗上口的《百家姓》读本，是传统的启蒙读物，也是中华姓氏的经典之作，可谓家喻户晓，妇孺皆知。

《百家姓》本是北宋初年钱塘（杭州）的一个书生所编撰的蒙学读物，他将常见的姓氏编成四字一句的韵文，很像一首四言诗，虽然它的内容没有文理，但读来顺口，易学好记。

《百家姓》四字排列，十分严整，如诗如歌，是按韵律来排的。前34句中的偶数句，押的都是“ang”韵，譬如“王、杨、张、姜”等。开篇而押“ang”韵，读起来朗朗上口，听起来声调高亢，便于朗诵和记忆。接下来转了“o”韵，带出许多“o”韵之姓。再下来转“ng”韵。这样不断地转韵，就有了变化，有了起伏，有了韵律，通篇下来虽未联成文意，却也不拗口。作为启蒙读物，中小学生很容易就能把《百家姓》背会，其中自有奥妙。所有姓氏排列并非作者胡编乱造，而是经过精心谋篇布局的。

至于为什么把“赵钱孙李”排在最前面，那也不是胡编乱造的。据南宋学者王明清考证，《百家姓》前几个姓氏的排列是有讲究的。“赵”

为宋朝国姓至尊无上，自然位列第一；“钱”是吴越国（江浙一带）王室姓氏，故居其次；吴越第五代王钱俶曾策应赵宋平定江南，至宋太宗时献国归宋，受封邓王；“孙”是钱俶的正妃之姓，所以紧随“钱”后；“李”是与吴越毗邻的南唐皇帝之姓，且为当时华夏大姓，故排序第四。

《百家姓》共收录438个姓氏，其中408个是单姓，由102行组成；30个是复姓，编成15行。最后一句是“百家姓终”，即百家姓完结的意思，共472个字。人们常说的“百家姓”，实际上是中华姓氏的泛指和总称。冠以“百家”之名，表示数量众多，涵盖广博之义。中国幅员辽阔，民族众多，古代曾经使用和目前使用的姓氏究竟有多少，很难有准确的统计。

与《三字经》《千字文》等蒙书不同，《百家姓》虽说形式上也是四四为句，合辙押韵，但是除了表示姓氏的汉字罗列，并不蕴含其他意义。它能穿越千年历史的漫长时空，流传至今，家喻户晓，与中国传统的以家族为中心，按血统区别亲疏的宗族观念密不可分。

《百家姓》是中国独有的文化现象，它所辑录的几百个姓氏，体现了中国人对宗脉与血缘的强烈认同感。姓氏文化或谱牒文化，是中国文化的重要组成部分。中国人是世界上“寻根意识”最重的族群。《百家姓》在历史的衍化中，为人们寻找宗脉源流，建立血亲意义上的归属感，帮助人们认识传统的血亲情结，提供了重要的文本依据。它是中国人认识自我与家族来龙去脉不可缺少的文化文献基础蓝本。

从某种意义上讲，五千年的华夏文明，就是不同血缘姓氏的宗族，在各个历史时期繁衍生息、播迁交融、兴衰更替的总汇。以血缘姓氏为脉络的姓氏谱系，正是具体而微地载录各姓氏宗族的渊源世系、兴衰荣辱及其历史功业和文化特色的重要文献，是中华文明进化的轨迹，社会历史发展的缩影。因而中华姓氏成为传承文明、解读历史、透视社会的独特视角和微观窗口。

中华姓氏是传统文化中生命力最旺、凝聚力最强、感召力最大的人文情结，是认同中华传统文化的伟大基石。中华民族历来以炎黄子孙自居，把炎、黄二帝作为共同的人文初祖和精神偶像。无论是偏处一隅的少数民族，还是飘零异域的华裔侨胞，时时处处都流传着炎黄二帝的传说，人人都以炎黄子孙为荣。这种以血缘、姓氏为传承纽带，对共同祖先形象的塑造，对民族渊源的追述，构成了中华文化多元一体化和连续传承性的认同基石，它是增强中华民族凝聚力、向心力的桥梁纽带，也是当今海内外炎黄子孙寻根问祖的重要依据。

作为幼学启蒙读物，古人看重的是《百家姓》读来顺口、易于记诵的快捷识字功能，而今人更加重视的是其在寻根溯祖、增强民族认同感和凝聚力方面的积极作用。

“我是谁？我来自何方？我去向何处？”这是古希腊哲学家苏格拉底的千古诘问。姓氏源流可以在一定层面回答这个艰深的问题。我们在诵读《百家姓》的时候，就是我们穿过几千年风风雨雨的时光隧道，追寻着历史和先人的足迹，在古代先辈们忠孝仁义的思想长河中，品味和汲取先贤之典故精华，以启迪、教育后人，并继承优秀的中华姓氏文化且将其发扬光大。

原　文

赵钱孙李　周吴郑王　冯陈褚卫　蒋沈韩杨　朱秦尤许
何吕施张　孔曹严华　金魏陶姜　戚谢邹喻　柏水窦章
云苏潘葛　奚范彭郎　鲁韦昌马　苗凤花方　俞任袁柳
酆鲍史唐　费廉岑薛　雷贺倪汤　滕殷罗毕　郝邬安常
乐于时傅　皮卞齐康　伍余元卜　顾孟平黄　和穆萧尹
姚邵湛汪　祁毛禹狄　米贝明臧　计伏成戴　谈宋茅庞
熊纪舒屈　项祝董梁　杜阮蓝闵　席季麻强　贾路娄危
江童颜郭　梅盛林刁　钟徐邱骆　高夏蔡田　樊胡凌霍
虞万支柯　昝管卢莫　经房裘缪　干解应宗　丁宣贲邓
郁单杭洪　包诸左石　崔吉钮龚　程嵇邢滑　裴陆荣翁
荀羊於惠　甄麴家封　芮羿储靳　汲邴糜松　井段富巫
乌焦巴弓　牧隗山谷　车侯宓蓬　全郗班仰　秋仲伊宫
宁仇栾暴　甘钭厉戎　祖武符刘　景詹束龙　叶幸司韶
郜黎蓟薄　印宿白怀　蒲邰从鄂　索咸籍赖　卓蔺屠蒙
池乔阴鬱　胥能苍双　闻莘党翟　谭贡劳逄　姬申扶堵
冉宰郦雍　郤璩桑桂　濮牛寿通　边扈燕冀　郏浦尚农
温别庄晏　柴瞿阎充　慕连茹习　宦艾鱼容　向古易慎
戈廖庾终　暨居衡步　都耿满弘　匡国文寇　广禄阙东
欧殳沃利　蔚越夔隆　师巩厍聂　晁勾敖融　冷訾辛阚
那简饶空　曾毋沙乜　养鞠须丰　巢关蒯相　查后荆红
游竺权逯　盖益桓公　万俟司马　上官欧阳　夏侯诸葛
闻人东方　赫连皇甫　尉迟公羊　澹台公冶　宗政濮阳
淳于单于　太叔申屠　公孙仲孙　轩辕令狐　钟离宇文
长孙慕容　司徒司空

文化常识

中国姓氏起源

早在五千多年以前，中国就已经形成姓氏，并逐渐发展扩大，世世代代延续。

在原始社会初期，人们的经济生活方式主要是采集和狩猎。由于森林茂密，从事采集的女人更容易获得食物。当时女人在社会中的地位很高，所以中国许多最早的姓氏大都从“女”旁，如：姜，姚，姒，妫，嬴等，表示这是一些不同的老祖母传下的氏族人群。

在母系氏族公社时期，人们只知其母不知其父。为了把各个氏族区分开来，“姓”便应运而生了。“姓，人所生也”（《说文解字》），姓字从女从生，表明了出生的血缘关系，清楚地说明同姓的人都是同一位女性祖先的子孙，也是母系氏族社会同一血缘关系人群的标记。这一时期，实行氏族外婚制，同姓之间不能通婚，因而姓还起着“别婚姻”的作用，这样便于通婚与鉴别子孙后代的归属。同姓内部禁止婚配，异姓氏族之间可以通婚，子女归母亲一方，随母姓。

随着社会生产力的发展，母系氏族制度过渡到父系氏族制度，赐土以命氏的治理国家的方法、手段便产生了。氏的出现记录着人类历史的脚步迈进阶级社会。姓和氏，是人类进步的两个阶段，是文明的产物。

氏是按父系来标示血缘关系的结果，这只能在父权家长制确立时才有可能。因此，当我们读到“黄帝轩辕氏，姬姓”以及“炎帝列山氏，姜姓”时，可以明白，中华民族共同始祖炎黄二帝原分属两个按母系血缘关系组织起来的部落或部落联盟，一姓姜，一姓姬，而他们又分别拥有表示自己父权家长制首领的氏称：列山，轩辕。姓和氏有严格区别又同时使用的局面表明，母权制已让位于父权制，但母系社会的影响还存在，且这种影响一直到春秋战国以后才逐渐消亡。

先秦时期，“姓”与“氏”是两个不同的概念。男子称“氏”，女子称“姓”；贵族有“姓”有“氏”，平民有“姓”无“氏”。秦汉以后，“姓”与“氏”逐渐合流，“姓氏合一”的模式一直沿用至今。

姓氏是公共的，名则是一个人的代号，名的产生也是在氏族社会时期，同时也是人的个体意识逐渐觉醒的必然结果，还是私有制经济出现后的必然产物。《说文解字》里面对“名”是这样解释的：天黑了，相见不能相认，各以代号称，这便是名的由来。人们发现使用名的便利性，便逐渐通行起来，使得人皆有名，并对“名”讲究起来。

夏、商时期，贵族皆有姓氏。姓的分支为氏，意思相当于家或族。西周时期，为了控制广大被征服的地区，周天子实行了大规模的分封制，于是，姓氏就大规模地发展起来了，姓氏制度见于记载者较多。

周代实行宗法制，有大、小宗之别。一个氏的建立表示一个小宗从大宗（氏）分离出来，另立门户。建立侯国要经周王认可，卿大夫立新家要得到君主允许，称之为“胙（zuò）之土而命之氏”。

周王为姬姓，周王所封的各诸侯国之君和卿大夫有同姓和异姓的区别。到东周春秋时，可考的有姬、姒、子、风、嬴、己、任、祁、芈、曹、董、姜、偃、归、曼、熊、隗、漆、允等22姓，这些姓都源自于“姬”姓。

由此可以看出，百家姓的排名只是名义上的，虽然可考的姓这么多，且某些姓氏存在字面意义上的不同，但实际上很多姓是从某一个姓衍生出来的。

又比如姚姓，由姚姓衍生出的姓氏达60个之多，如陈、王、胡、孙、虞、田、袁、车、陆等，它们流布于世界40多个国家和地区。

五帝之一的舜生于姚地（今河南范县），便以姚为姓，其后子孙便以地为氏，称为姚氏。舜在登帝之前，曾经搬到妫河边居住，他的子孙有的留在妫河边居住，就以妫为姓。舜帝登帝位后，仁德荣耀，有的子孙就以帝名舜为姓。大禹称帝后，封舜的大儿子商均于虞，其四十三世孙妫满封于陈，官拜陶正，谥胡公，其子孙或以国号陈称姓，或以官号改称陶唐氏，或以谥号胡称姓，或以尊讳满称姓，至汉朝姚氏共衍生出：妫、舜、虞、陈、胡、田、袁、王、孙、陆、车等60多个姓，其血缘先祖同为舜帝姚氏。可以说是，繁姓同根，异氏同源，是一家亲。

姓氏起源的形式很多，并且在不断发展，同姓异源，或异姓同源等情况十分复杂。《百家姓》早先收集了411个姓氏，后经增补到500余个。但据有关报道，研究姓氏的专家从古今文献上能够收集到包括生僻姓氏在内的数千个姓氏。随着岁月的流逝，又会不断出现新的姓氏。如为孩子取名时，取男女双方两个单姓合成复姓，又能为姓氏“家族”增添新的成员。

中国姓氏的传说

1. 相传，伏羲的母亲是一个非常美丽的女子。有一天，她去郊游，在游玩途中发现了一个大大的脚印。出于好奇，她将自己的脚踏在大脚印上，当下就有种被蛇缠身的感觉，于是就有了身孕。而令人奇怪的是，这一怀孕就怀了十二年。最终生下了蛇身人首的伏羲氏。由于伏羲是蛇身人首，故有“龙的传人”之说。

伏羲氏因风而生，因此为“风”姓，“风”即为中华第一姓。当然，风姓为一古姓，并不为我们熟知，不过在深谙传统文化的金庸先生笔下，却有伏羲氏的传人，如《笑傲江湖》里，传授令狐冲独孤九剑的风清扬。

姓的产生，是中华民族文明进步的重要标记，它经过数千年的延绵发展，成为中华民族生生不息的血缘纽带。可以说中华万姓同根，根在伏羲氏。

2. 相传黄帝出生在一条叫姬的河边，于是黄帝就姓姬。据说黄帝有25个儿子，其中得姓的有14人，共12姓（有同姓的，故14人有12姓），姬姓居首。中华百家大姓中有70多个姓直接或间接来源于姬姓。

相传，黄帝的曾孙帝喾的妻子姜嫄，有一次到野外出游，踩到了巨人的足迹，回来之后就感觉身体如怀孕一般，不久就生下了一个男孩，这孩子就是后稷。后稷长大后出任尧的农官，教民稼穑，被赐姓姬，成为了周族的先祖。到后来，周武王建立了周朝，分封天下时，将自己的很多同姓亲族分到天下各地为诸侯，后来，这些国家的王族大多改以其所在国的国名为姓。当周朝结束之后，周朝王族后代亦改姓周而不再以姬为姓。这样一来，虽然姬姓曾是很大的姓，但今天已经不多见了。

3. 大禹的母亲修己是有辛氏的女儿，当初因为吞吃了薏苡这种植物而怀孕，生下了禹，故而以“苡”的同音字“姒”为姓。大禹治水有功，舜把夏封给他，又把帝位传给他。大禹死后，帝位传给其子启，历经400多年，至夏桀时，因为他暴虐无道而被商汤推翻，桀的后人有的就以国名夏为姓了。

4.《诗经》中的“天命玄鸟，降而生商”讲的是殷商祖先的故事。相传有一个名叫简狄的女子，有一天，同两个妇女在河边洗澡，看见一只玄鸟（即燕子）在河边下了一个蛋，就捡起来吞吃下去，不久就怀孕生下了契。契后来辅佐大禹治水有功，被舜任命为司徒，掌管教化百姓的事务，并封给他商地。又因为契的母亲吞了玄鸟之子（即蛋）而生下他，故而赐姓为“子”。这个故事在司马迁的《史记·殷本纪》中也有记载。

中国姓氏来源

中国人在日常生活中与一个陌生的朋友寒暄，第一句肯定会问："您贵姓啊?"答曰："免贵姓李。"如果问的人恰恰也姓李，就会高兴地说："哎呀，太巧了，我们五百年前是一家啊!"

其实"五百年前是一家"，多半只是一句客套话。从百家姓的起源来看，两个姓氏相同的人，五百年前未必真的就是一家人，比如李姓，其来源甚广，有数百种之多，最早出自"嬴"姓。春秋时期流行以官位作姓，道家学说的创始人老子因祖辈为理官，遂以理为姓氏，直到理利贞"食木子而得李"。唐朝时期李姓为国姓，而开国元勋诸将徐、邴、安、杜、胡、弘、郭、麻、鲜于、张、阿布、阿跌、舍利、董、罗、朱邪共16姓被赐予李姓，由此李姓人丁大增。在后魏时期，鲜卑的复姓也有改成"李"的。其实，中国所有大姓的来源都很复杂，同姓并不意味着五百年前就是"一家人"。

相反，两个姓氏不同的人，五百年前倒有可能是一家。比如陈姓和胡姓历史上很长时间都保持"陈胡不通婚"的习俗，因为他们本是"一家人"。原来，虞舜后裔妫满被周武王封于陈地。他死后，谥号"胡"，葬于陈，其子孙一支以其谥号为姓，即为胡姓，另一支以国为姓，即为陈姓，妫满则被尊称为胡公满、陈胡公或陈胡公满。

自古以来，中国人到底使用过多少个姓氏，说法不一，有人说见于文献记载的姓氏有5662个，另有人认为有6363个，还有人说共有8155个。而目前记录姓氏最多的《中国姓氏大辞典》共收录中国古今各民族用汉字记录的姓氏11969个，其中单字姓5327个，双字姓4329个，三字姓1615个，四字姓569个，五字姓96个，六字姓22个，七字姓7个，八字姓3个，九字姓1个。如此众多的姓氏，有着各式各样的来历，故我们对其进行了一翻分析、归纳，姓氏形成的情况大致分为以下13种。

第一种：以祖先的图腾崇拜物为姓氏。

中国的姓氏中，有些是由古代部族所崇拜的图腾演变而来的，如熊、马、牛、羊、龙、凤、山、水、花、叶等。由于年代久远，史前无据可考，到底哪些姓氏源于古代部族的图腾崇拜，已不得而知，很大程度上只是一些推测。

有案可查的是《国语·晋语》中的一些记载：

“昔少典娶于有蟜氏，生黄帝、炎帝。黄帝以姬水成，炎帝以姜水成。成而异德，故黄帝为姬，炎帝为姜，二帝用师以相济也，异德之故也。”

炎帝（神农氏）、黄帝（轩辕氏）都是少典之子，炎帝因生长在姜水渭河支流之滨，得姓姜。黄帝则因生长在姬水之滨，而得姓姬。又姜和羌（qiāng）虽同韵而不同声，但音特别相近，且两字都有“羊”字头，一个从羊从女，一个从羊从人。从“羌”字的组成看，羌即“羊人”。上古时代晚期，羌族居住在中国的北部，其部族或氏族的图腾可能是羊。而姜族则是羌族的一支，或许因为语音的误差而化“羌”为“姜”，或许是母系氏族的母权影响，羊下之“人”，化作了羊下之“女”。炎帝以“姜”为姓，不是偶然，炎帝恰恰是古羌族支系氏族部落的首领。以炎帝、黄帝为首，原居于陕、甘、青一带的古羌戎部族中的一支，在东进中原的过程中，与东夷等部族融合，成为汉族的前身华夏族。

第二种：以居住地为姓氏。

这种得姓方式，是“因所居而命”，具有悠久的历史。相传，父系氏族社会后期部落联盟领袖舜，生于姚墟（今河南范县濮城内），因以生地为姓，姓姚。又据传，少典娶有蟜氏，生炎帝，因炎帝生于姜水（在今陕西岐山西），以水命姓姜；黄帝生于寿丘，长居姬水，因而姓姬。姚、妫、姜、姬等，都是很古老的姓氏。黄帝死后，葬于桥山。黄帝的子孙中有守陵的人，就以陵山之名“桥”为姓氏，后人去木为“乔”。

以地居为氏者，后来以复姓较多，一般都表示出不同环境的居住地点，往往带有方位词和“郭”字或门、宫、丘、野、里等字。如东郭出于姜姓。郭，为古代的人在城的外围加筑的一道城墙。东郭，为外城的东墙附近。齐桓公的后裔中有住在临淄外城东墙一带的，被称为东郭大夫，后人便以东郭为姓氏。如东门出于姬姓。鲁庄公有子叫公子遂，字襄仲，家住曲阜城东门旁，人称东门襄仲。其后人以东门为姓氏。再如西门，春秋时，齐国和郑国都有公族大夫住在都城的西门附近，人称西门氏，有的后人便以西门为姓氏。

第三种：以祖先名字中的名或字为姓氏。

人人都有姓和名，有的人还有字。字，是人的表字，也就是根据人名中的字义另取别名。例如：老子姓李，名耳，字伯阳。用先人的名或字作为自己的姓氏，称为“以名为氏”或“以字为氏”。在中国人的姓氏中，以这种方式得姓的现象较普遍，大约有500多个，主要形成于商、周时期。

《国语·晋语》云：“凡黄帝之子二十五宗，其得姓者十四人，为十二姓。”后多认为黄帝的后裔，后来陆续分支成为不计其数的其他姓氏，构成中华民族的主流。黄帝二十五子得姓十二：姬、酉、祁、己、滕、箴、任、荀、僖、姞、儇、依。其后，又从这些姓氏中衍生出很多的姓，其中，年、熊、牛、鱼、井、高等姓都是出于祖先名字中的字。

以年姓为例，西周时期，周灵王有个儿子叫“王子年夫”，“年夫”应是他的名字，“王子”则是表明他的身份的，类似的还有“公子”、“公孙”等。“王子年夫”是周天子的后裔，属于“姬”姓，但他的后人为了纪念他，以他的名字中的“年”字为姓氏。

又如，商朝开国君主姓子，名履，字汤，又称成汤，是一位爱民如子、厚道仁政的君主，他的子孙中，有的以他的字“汤”为姓氏，就是汤氏。

第四种：以国名和封地名为姓氏。

在奴隶制社会，国王将奴隶和土地分封给诸侯，叫“建国”，诸侯封赐给所属卿、大夫作为世禄的田邑，叫作“采邑”、“采地”或封地。这就出现了两种形式的姓氏来源。

一种是以国名为姓氏，简称“以国为氏”，即某国的人采用本国的国名作为自己的姓氏，此种情况大多是亡国后为纪念故国而采取的，也有立国后便以国名为姓氏的。例如，夏朝末年，商部落领袖汤率军攻夏，先消灭夏的属国葛国，接着又攻灭韦国、顾国、昆吾等国，最终灭了夏朝。这些国家灭亡后，各属国子孙乃以国名为氏，分别形成葛、韦、顾、昆、吾、夏等姓氏。

又如宋姓，出自子姓。据《唐书·宰相世系表》所载，公元前10世纪周公平定了武康叛乱之后，商纣王的庶兄微子启受封于宋国，建都商丘（在今河南省商丘市南）。公元前286年，宋国被齐国所灭。其子孙以原国名“宋”为氏。“吴”姓出于姬姓。周武王封钟雍的曾孙于吴（江苏苏州一带），建立吴国。其后代以国名为姓氏。“陈”姓出自姚姓或妫姓。周武王灭商之后，追封舜的后代妫满于陈（河南淮阳）。据胙土命氏的规定，称陈氏，遂名陈满，字少汤。陈满死后被谥为陈胡公，为陈姓的始祖。

另一种是以邑名为姓氏。采邑原为世袭，卿、大夫在采邑内享有统治权力并对诸侯承担义务，世代以采邑为食禄，故采邑又称食邑。姓氏学中的以采邑为氏，即指采邑主及其子孙以采邑名作为自己的姓氏。出自邑名的姓氏大约有170多个，绝大部分形成于秦、汉之前。

如赵姓，是源于嬴姓。嬴姓祖先伯益的后裔造父，以驯马驾车为业。周穆王常乘坐造父所驾的马车巡游各地，朝中有事，造父就以熟练的驾车技术及时将马车赶回。造父因驾马车有功，被周穆王封地于赵（山西洪洞县北赵城），其后人便以“赵”为姓氏。

其他的如郑、马、卫、应、蒋、沈、韩、许、吕、戚、谢、邹、柏、章、苏、潘、葛、范、彭、鲁、韦、苗、任、柳都是如此。

第五种：以官职或职业为姓氏。

古代官员的子孙，用先人的官名作为自己的姓氏，称为“以官为氏”。以官为氏形成的姓氏约有130多个，大多产生于先秦时期，先秦时期的官职名目繁多。例如史姓是史官的后裔，其说法有两种，一说是仓颉的后代，二说是西周初期史官史佚的后代。仓颉，又称史皇，传为黄帝的史官，是汉字的创始者。又如“司徒”、“司空”、“司马”等复姓都是源自于古代的职业或官职。

“司徒”是上古时代官名，传说尧、舜时已设，一直延续到秦汉。担任这个官职的人的后代，有些就以此官职为姓。“司空”据说为上古时所设官职，专管天下水利工程建设。帝尧时大禹的官职就是司空。大禹的子孙中，就有人以此为姓氏。“司马”也是上古所设的官职，是军事长官。曾为官司马的人的后代，有的以此官名为姓氏。

古代有一些职业，技术性很强，从事这些职业的人，以技艺传家的。有用技艺名称命名姓氏的，称为“以技为氏”。比如巫氏、卜氏即属此类。古人认为天地万物都有神灵，并且可以通过法术使神降临，以实现自己的某种愿望。这种法术称为巫术。会这种法术、能以舞蹈使神降临的人称为“巫”。巫的权力很大，主要的职责是奉祀天地鬼神及为人祈福消灾，并兼事占卜、星历之术。早期从事巫这种职业的人，以技艺传家，因以为氏，便有了巫姓。

第六种：以爵位和谥号为姓氏。

中国古代的贵族，大都是生有爵号，死有谥号。爵指爵位，就是君主国家对贵族所封的等级。采用爵位名及与之相关的字命名姓氏，称为“以爵为氏”。君主时代，帝王、大臣、贵族等死后，按其生前事迹评定褒贬，给予一个称号，叫做“谥”或“谥号”。获得谥号的人，其子孙采用祖上的谥号为姓氏，称为“以谥为姓”。此类姓氏大多形成于先秦时期，约有 30 多个。例如：陈国始祖妫满，死后谥号为胡公，其子孙有的以他的谥号为姓氏，称为胡氏。

第七种：帝王赐予姓氏。

“赐”，旧时指上对下的给予。古代的天子对臣民，有赐予土地、官职、物品者，也有赐姓赐氏者。据说赐姓的历史相当久远，赐姓之风尤盛于封建社会，绝大多数是由最高统治者按照自己的意志，将别人已有的姓抹掉，换成另一个姓。因帝王的姓是“国姓”，被认为是最尊贵的姓，所以皇帝赐予臣属的姓大多是自己的姓。比如刘邦建立汉朝后，刘姓成为中国的大姓。汉高祖因项伯有昔日相助之功，便赐项伯改姓为

“刘”。最具代表性的当属唐朝。自开国皇帝李渊开始，至唐朝末期的唐昭宗李晔，皇帝赐姓绵延不断，历时之久、次数之多、范围之广、人数之众，为任何朝代所不能及。由此，唐朝时期李姓人口数量爆增。历史上“七下西洋”而闻名的郑和，他原名叫马三宝，由于有功，被明朝永乐皇帝赐姓为郑，马三宝因此改姓换名为“郑和”。

第八种：因避讳或避难而改姓。

封建时代，为了维护等级制度的尊严，对君主或尊长的名字，避免直接说出或写出，叫做“避讳”。既然要避讳，有时又不得不说不写，该如何是好呢？一般就取同义或同音字来代替，或用原字而缺笔画。比如，汉景帝姓刘名启，为了避讳，司马迁在写《史记》时便称宋国始祖微子启为微子开，“启”和“开”同义。

避难，就是躲避仇人，躲避灾难。封建专制时代，刑法严酷，有的要夷三代，灭九族，满门抄斩，为此受牵连同族之人，屡有搬迁或改姓之事发生。比如，共氏为了避难，改姓隐居，一支在共字上加龙字成为龚氏；一支加水于左而成为洪氏。春秋时，陈厉公子陈完避祸外逃，不愿意以国名为氏，改姓为“田”。西汉时司马迁因言获罪，二子为避祸出逃。长子取“马”加两点为“冯”，次子取“司”加一竖为“同”。

第九种：以排行次序为姓氏。

同姓一家一族，有长有幼，先后排列，有一定的次序，用表示排行次序的字或词命名姓氏，称为“以次为氏”。比如，旧时在兄弟排行的次序里，伯和孟都是代表最大的，仲代表第二，叔代表第三，季代表第四或最小。伯、孟、仲、叔、季都是姓氏，出自古代鲁国。

第十种：少数民族的姓及其改姓。

我国有56个民族，其中汉族人口最多，是主体民族。汉族由古代华夏族和其他民族长期逐渐混血而成，人口约占全国总人口的94%。少数民族姓氏与汉族姓氏有着密不可分的关系。古代南方的少数民族，大都在楚国境内，北方的少数民族，主要是居住在北部及西北地区的“五胡”，即匈奴、鲜卑、羯、氐、羌。这些民族均与汉族有血缘关系，他们的姓，一般都用汉字，或从汉姓，有不少是以部落名为氏，大都为复姓，也有三字姓和四字姓。这些复姓约有 300 多个，后经多次民族大融合，基本上都已改变为单字姓。

最有代表性的当属北魏孝文帝推行的鲜卑族的汉化，令鲜卑族改穿汉服，改说汉话，并改换“拓跋氏”为“元氏”。少数民族以汉姓的人物中，还有著名的李克用、李存勖父子。李克用系沙陀族首领朱耶赤心之子，曾率沙陀军助唐在长安击败黄巢，后任河东节度使，又进封为晋王。唐末，李存勖起兵，建后唐王朝。

与此相应的是，汉族人也有把姓改为少数民族姓氏的。辽、夏、金、元时代，由少数民族统治，汉族人改换为少数民族姓的为数也不少。

第十一种：以部落的名称为姓氏。

呼延，东晋时，匈奴呼延部进入中原，后来，其汉化后裔以原部落名称再加以汉化的“呼延”为姓氏。慕容，三国时，鲜卑族首领莫护跋率族人迁居辽西，后在棘城以北（今辽宁省义县西北）建国，莫护跋以“慕容”为自己部落的名称。后慕容部落的人便以“慕容”为姓氏。宇文，鲜卑族呼天为“宇”，宇文为“天之子”之意。宇文氏为鲜卑部落。东晋时，宇文部落进入中原便以“宇文”为姓氏。尉迟，尉迟部也是鲜卑族的一个部落，尉迟部的人后来以部落名为姓氏。

第十二种：部分少数民族的姓氏。

满族有穆昆组织，产生于姓氏社会，是构成满族社会的基层血缘组织。穆昆由一个或数个家庭组成。同一个穆昆中，只有一个姓氏；同宗的几个穆昆，则冠以几个汉姓。如乌雅氏的五个穆昆，分别以吴、穆、包、黄、邵为姓氏；宁古塔氏的四个穆昆，以刘、宁为姓；喜塔喇氏的一支穆昆（居今新宾县永陵镇）以图为姓；居盛京的穆昆以祝为姓。

壮族以父系计算世系，子女随父姓。女儿出嫁后，须加双姓，即夫姓在前、父姓在后。如其夫姓莫，其父姓罗，她便称为“莫罗氏”。此称，与汉族旧习俗（张王氏、李杨氏等）相同。

第十三种：姓氏的其他来源。

中华姓氏源头众多，无奇不有，除了以上介绍的姓氏来源外，还有其他形成原因，如：冒姓、音讹、声转、异写、省文等。

冒姓：就是冒充、假冒他人的姓氏，一般都是冒有权有势或名人的姓。比如：唐朝有个贺兰敏，本为贺兰氏，冒姓武，说是女皇武则天之父的后代。

音讹：音指读音，讹是错误的意思。音讹就是读错了音。如战国七雄之一的韩国，于公元前230年被秦国所灭，韩国遗民有一部分逃到陈国、楚国境内的淮河与长江相交的一些地方，当地人的口音把“韩”读作“何”，后来又把读音误写为“何”，于是这些韩姓人口就变成了何姓。

声转：指读音转变。如西周初期，有两个虢国，一个在今河南荥阳东北，称东虢，后被郑武公所灭；一个在今陕西宝鸡东，称西虢，后被秦国所灭。东虢国灭亡后，周平王又封姬叔的后裔姬序于今河南陕县东南李家窑，称为北虢。后被晋国所灭。这三个虢国亡国后，其子孙乃以国为氏，即虢氏。古代虢、郭二字同用，读音基本相同，后来，虢氏转声而为郭氏。

异写：指一个字具有两种或几种不同的写法。如：爰、辕、袁三姓。

省文：指简省文字或简化笔画。比如：朱姓，就是由“邾”姓简省笔画而来。

姓氏属地、姓氏来源、本姓名人

我们把百家姓各姓氏的“姓氏属地”“姓氏来源”都做了统计，以帮助读者进一步了解姓氏的起源，并介绍了姓氏的“本姓名人”以增加姓氏的自豪感。希望能帮助读者更好地了解我国姓氏的来源、发展，增强民族的凝聚力和社会的责任感。

姓氏属地：天水郡，今甘肃省通渭县。

【姓氏来源】赵姓祖先为帝舜时的伯益，伯益十三世孙造父系周穆王的驾车大夫，因军功而封于赵城。造父子孙以先祖封地名为姓。

【本姓名人】宋太祖赵匡胤，南宋诗人赵师秀，元朝书画家赵孟頫，当代文学家赵树理。

姓氏属地：彭城郡，今江苏省徐州市。

【姓氏来源】传说颛顼的裔孙孚曾任周朝的钱府上士，其后人以先祖官职名为姓。

【本姓名人】五代吴越王钱镠，当代学者钱钟书，科学家钱学森。

姓氏属地：乐安郡，今山东省广饶县。

【姓氏来源】周文王第八子卫康叔的八世孙卫武公生惠孙，惠孙的孙子为纪念祖父，即以祖父的字为姓。

【本姓名人】春秋时期军事家孙武，唐朝医学家孙思邈，近代民主革命家孙中山。

姓氏属地：陇西郡，今甘肃省临洮县。

【姓氏来源】传说尧帝时代皋陶后裔理征因得罪商纣王而被杀，其妻儿在逃亡过程中一度靠食李子果腹，因不敢暴露自己的原姓“理”，又感于李子的救命之恩，遂改其姓“理”为“李”。

【本姓名人】春秋时期思想家李耳（老子），西汉音乐家李延年，唐太宗李世民，唐朝诗人李白，现代无产阶级革命家李大钊，地质学家李四光。

姓氏属地：汝南郡，今河南省平舆县。

【姓氏来源】传说帝喾之子后稷的后人定居于周，形成周部落，到周文王时，族人以国为姓。

【本姓名人】三国时期吴国将领周瑜，宋朝词人周邦彦，哲学家周敦颐，当代无产阶级革命家周恩来。

姓氏属地：延陵郡，今江苏省常州市。

【姓氏来源】相传周太王的儿子泰伯建吴国，其后裔吴王夫差为越王勾践所败，逃亡异国他乡的吴国人为表示对故国怀念之情，以国为姓。

【本姓名人】唐代画家吴道子，明朝小说家吴承恩，清代小说家吴敬梓。

姓氏属地：荥阳郡，今河南省荥阳市。

【姓氏来源】周宣王封幼弟姬友于郑，姬友建立郑国，其后人以国为姓。

【本姓名人】明朝航海家郑和，明末民族英雄郑成功，清朝书画家郑板桥，现代文学史家、考古学家郑振铎。

姓氏属地：太原郡，今山西省太原市。

【姓氏来源】王姓大多出自王族。传说周灵王儿子姬晋，因犯颜直谏遭贬，因其王族出身，后人称其为“王家”，子孙便以“王”为姓。

【本姓名人】晋朝书法家王羲之，唐朝文学家王勃，诗人王之涣、王昌龄、王维，北宋政治家、思想家、文学家王安石，元朝戏曲家王实甫。

姓氏属地：始平郡，今陕西省兴平市。

【姓氏来源】周文王第十五子毕公高的孙子受封于冯，其后人以封地为姓。

【本姓名人】 明朝文学家冯梦龙，民国爱国将领冯玉祥，当代作家冯雪峰、冯骥才，哲学家冯友兰。

姓氏属地：颍川郡，今河南省禹州市。

【姓氏来源】 舜帝后代胡公满被周武王封于陈，其子孙以封地名为姓。

【本姓名人】 秦末农民起义军领袖陈胜，现代中共创始人之一陈独秀，当代无产阶级革命家、军事家陈毅。

姓氏属地：河南郡，今河南省洛阳市。

【姓氏来源】 商朝王族后裔食采于褚邑，子孙以采邑名为姓。

【本姓名人】 唐朝名臣、书法家褚遂良。

姓氏属地：河东郡，今山西省夏县。

【姓氏来源】 周文王第九子康叔建立卫国，其后代以卫为姓。

【本姓名人】 西汉名将卫青，东晋书法家卫夫人。

姓氏属地：乐安郡，今山东省广饶县。

【姓氏来源】 周成王时，周公姬旦的第三个儿子伯陵封于蒋，建立蒋国，后世即以封地为姓。

【本姓名人】 中华民国原“总统”蒋介石。

姓氏属地：吴兴郡，今浙江省湖州市。

【姓氏来源】 周文王第十个儿子聃季受封于沈，后人以“沈”为姓。

【本姓名人】 北宋科学家沈括，当代作家沈从文。

姓氏属地：南阳郡，今河南省南阳市。

【姓氏来源】 周武王小儿子叔虞后裔受封于韩，其子孙以封地为姓，并建立韩国。

【本姓名人】 战国思想家韩非，西汉初年军事家韩信，唐朝文学家韩愈，南宋名将韩世忠。

姓氏属地：弘农郡，今河南省灵宝市。

【姓氏来源】 周幽王封周宣王的小儿子尚父于杨，并建立杨国，尚父子孙以国为姓。

【本姓名人】 战国学家杨修，隋朝开国皇帝杨坚，当代美籍华裔物理学家杨振宁，宇航员杨利伟。

姓氏属地：沛郡，今安徽省濉溪县。

【姓氏来源】 周武王封颛顼后裔曹挟于邾地，建立邾国，曹挟后人去掉邑旁，以朱为姓。

【本姓名人】 南宋哲学家朱熹，明朝开国皇帝朱元璋，现代学者朱自清，当代无产阶级革命家、军事家、原全国人大常委会委员长朱德，美学家朱光潜。

姓氏属地：天水郡，今甘肃省通渭县。

【姓氏来源】 帝舜时期伯益后代嬴非子，为周孝王驯养良马有功，被封于秦，其子孙建立秦国。秦朝灭亡后，后人以国为姓。

【本姓名人】 北宋词人秦观，当代散文家秦牧。

姓氏属地：吴兴郡，今江苏省湖州市。

【姓氏来源】 五代时，王审知在福建自立为闽王，当地沈姓为避讳王审知的“审”字，去掉沈字的三点水，而改姓“尤”。

【本姓名人】 南宋诗人尤袤，清初文学家尤侗，医生尤怡。

姓氏属地：高阳郡，今河北省高阳市。

【姓氏来源】 周武王封炎帝后裔文叔于许，建立许国，战国时，许国为楚所灭，其后人以国为姓。

【本姓名人】 东汉文字学家许慎。

姓氏属地：庐江郡，今安徽省庐江县。

【姓氏来源】 战国时期，秦灭韩国后，一部分韩国王室子孙逃亡到安徽淮河流域一带，当地“韩” “何”同音，为避祸，这些王室子孙将“韩”姓改为“何”姓。

【本姓名人】 现代革命烈士何叔衡，当代学者何其芳。

姓氏属地：河东郡，今山西省夏县。

【姓氏来源】 神农后代太岳被大禹视为“心吕之臣”（“吕”是脊梁骨的意思， “心吕”比喻亲信或骨干），封其为吕侯，子孙便以“吕”为姓。

【本姓名人】 商末周初政治家吕尚（姜太公），战国政治家吕不韦，三国时吴国名将吕蒙。

姓氏属地：吴兴郡，今浙江省湖州市。

【姓氏来源】 春秋时期鲁惠公的儿子名尾，字施父，曾任鲁国大夫，第五代施伯开始以“施”为姓。

【本姓名人】 元朝文学家施耐庵，现代革命烈士施洋。

姓氏属地：清河郡，今河北省清河县。

【姓氏来源】 黄帝孙子姬挥发明弓箭，被封为弓长，“弓”“长”两字合一，便产生了张姓。

【本姓名人】 三国时期蜀国名将张飞，明朝政治家张居正，清朝名臣张之洞。

姓氏属地：鲁郡，今山东省曲阜市。

【姓氏来源】 传说帝喾妻吞乙（传说中的一种鸟）卵，生下商的祖先契，赐姓“子”。后来，契的后人将“乙”“子”二字合为一体，便有了孔姓。

【本姓名人】 春秋时期鲁国思想家、政治家、教育家孔丘（孔子），东汉文学家孔融。

姓氏属地：谯郡，今安徽省亳州市。

【姓氏来源】 周武王封周文王第十三个儿子振铎于曹地，建曹国。曹国后来为宋国所灭，其后人以故国名为姓。

【本姓名人】 三国时期政治家、文学家曹操，魏文帝曹丕，诗人曹植，唐朝诗人曹邺、曹松，清朝文学家曹雪芹。

姓氏属地：天水郡，今甘肃省通渭县。

【姓氏来源】 楚庄王后人以其谥号“庄”为姓，至汉代，为避汉明帝刘庄讳，改“庄”姓为“严”姓。

【本姓名人】 清朝思想家、翻译家严复。

姓氏属地：武陵郡，今湖南省溆浦、常德一带。

【姓氏来源】 宋戴公的儿子考父封于华邑，其后代以封地名为姓。

【本姓名人】 三国名医华佗，当代数学家华罗庚。

姓氏属地：彭城郡，今江苏省徐州市。

【姓氏来源】 黄帝儿子少昊被称为“金天氏”，其后人以他的称号“金”字为姓。

【本姓名人】 明末清初文学批评家金圣叹，当代著名哲学家、逻辑学家金岳霖。

姓氏属地：巨鹿郡，今河北省平乡县。

【姓氏来源】 周文王第十五个儿子毕公高的后裔毕万被封于魏，其子孙有的以封地为姓，其后人魏斯与韩、赵“三家分晋”，建立魏国。

【本姓名人】 唐朝名臣魏征，清朝思想家、史学家魏源。

姓氏属地：济阳郡，今河南兰考县。

【姓氏来源】 传说尧帝始封于陶，后封于唐，被称为陶唐氏，其后裔有一部分以陶为姓。

【本姓名人】 东晋诗人陶渊明，现代教育家陶行知。

姓氏属地：天水郡，今甘肃省通渭县。

【姓氏来源】 传说炎帝神农氏生于姜水河畔，后人以其祖先出生地为姓。

【本姓名人】 南宋词人姜夔，明朝书画家姜立纲。

姓氏属地：东海郡，今山东省郯城县。

【姓氏来源】 春秋时期卫国大夫孙林父因立卫殇公有功，被封于戚邑，其后人以封邑名为姓。

【本姓名人】 宋朝画家戚仲，明朝民族英雄戚继光。

姓氏属地：陈留郡，今河南省开封市。

【姓氏来源】 炎帝后裔申伯被周宣王封于谢地，建谢国。后来，楚灭谢，谢国后人以国名为姓。

【本姓名人】 东晋名臣谢安，女诗人谢道韫，南朝文学家谢灵运，当代无产阶级革命家谢觉哉，作家谢婉莹（冰心）。

姓氏属地：范阳郡，今河北省涿州市。

【姓氏来源】 周武王封颛顼后裔曹挟于邾地，建立邾国，战国时改国名为邹，后来，邹国为楚所灭，其后人以国名为姓氏。

【本姓名人】 近代民主革命家邹容，现代政治家、出版家邹韬奋。

姓氏属地：江夏郡，今湖北省武汉市。

【姓氏来源】西汉苍梧太守谕猛，将自己的姓“谕”改为“喻”，其子孙便沿用下来。

【本姓名人】近代民主革命烈士喻培伦。

姓氏属地：魏郡，今河南省临漳县。

【姓氏来源】传说帝喾的老师封于柏地，后人以封地为姓。

【本姓名人】明朝名臣柏英，清朝书法家柏谦。

姓氏属地：吴兴郡，今浙江省湖州市。

【姓氏来源】传说大禹治水有功，其子孙便以水为姓。

【本姓名人】明朝著名廉吏水苏民、水乡谟。

姓氏属地：扶风郡，今陕西省兴平市。

【姓氏来源】传说夏仲康的皇后为躲避有穷的迫害，从墙窦中逃出，不久生下少康，少康长子杼继承帝位，次子龙受赐姓窦。其后人便以“窦”为姓。

【本姓名人】隋末农民起义领袖窦建德，金代医学家窦汉卿。

姓氏属地：河间郡，今河北省献县。

【姓氏来源】齐太公的子孙被封于鄣地，其后人去掉邑旁，以“章”为姓。

【本姓名人】清末民初思想家、学者章炳麟，史学家章学诚。

姓氏属地：琅邪郡，今山东省诸城市。

【姓氏来源】传说帝喾封祝融于“云阝”（今湖北安陆），后被楚所灭，子孙以国名为姓，后去邑旁成为“云”氏。

【本姓名人】宋朝名臣云景龙，元朝行省参政云从龙。

姓氏属地：扶风郡，今陕西省兴平市。

【姓氏来源】 传说祝融之孙昆吾被封于苏，其后人建立苏国，后苏国被狄灭国，原国人便以故国名为姓。

【本姓名人】 北宋文学家苏洵、苏轼、苏辙，近代诗僧苏曼殊。

姓氏属地：荥阳郡，今河南省荥阳市。

【姓氏来源】 周文王第十五子毕公高被封于毕并建立毕国后，封小儿子季孙于潘，其后人以封地为姓。

【本姓名人】 西晋文学家潘岳，现代画家潘天寿。

姓氏属地：顿丘郡，今河南省清丰县。

【姓氏来源】 葛国是夏朝诸侯国之一，葛国灭亡后，其后代认国为姓。

【本姓名人】 清朝殉国名将葛云飞。

姓氏属地：谯郡，今安徽省亳州市。

【姓氏来源】 传说黄帝的儿子禺阳被封于任，禺阳裔孙仲被封于奚，奚仲是车的发明者，其后代以其先祖封地名为姓。

【本姓名人】 后魏侍郎奚斤，唐朝制墨大师奚鼐。

姓氏属地：高平郡，今山东省巨野县。

【姓氏来源】 尧帝的后裔受封于范，其后人以其封地名为姓。

【本姓名人】 春秋时期越国名臣范蠡，南朝哲学家范缜，北宋政治家、文学家范仲淹。

姓氏属地：陇西郡，今甘肃省临洮县。

【姓氏来源】 传说颛顼后裔陆终第三个儿子活了八百岁，帝尧封他于彭城，即有名的彭祖，其子孙以封地名为姓。

【本姓名人】 清朝湘军将领彭玉麟，当代无产阶级革命家彭德怀。

姓氏属地：中山郡，今河南省定州市。

【姓氏来源】 鲁懿公的孙子费伯在郎地建邑，其后人以邑名为姓。

【本姓名人】 唐朝诗人郎士元，明朝学者郎瑛。

姓氏属地：扶风郡，今陕西省兴平市。

【姓氏来源】 周公的儿子伯禽封于鲁，并建立鲁国，鲁国被楚国灭亡后，其国人便以故国名为姓。

【本姓名人】 春秋时期鲁国工匠鲁班，三国时期吴国名臣鲁肃。

姓氏属地：京兆郡，今陕西省西安市。

【姓氏来源】 夏朝少康帝将孙子元哲封于豕韦，元哲后人建立韦国，后韦国被商汤所灭，其后人以国名为姓。

【本姓名人】 唐朝诗人韦应物，现代革命先烈韦拔群。

姓氏属地：汝南郡，今河南省平舆县。

【姓氏来源】 传说黄帝有一个儿子名叫昌意，其后人以祖先名字为姓。

【本姓名人】 南朝梁名将昌义之，明朝高僧昌海。

姓氏属地：扶风郡，今陕西省兴平市。

【姓氏来源】 战国时期赵国名将赵奢因军功被封为马服君，其后人省去服字，以“马”为姓。

【本姓名人】 元朝杂剧和散曲作家马致远，当代相声表演艺术家马三立。

姓氏属地：东阳郡，今浙江省金华市。

【姓氏来源】 春秋时期楚国贵族贲皇因宫廷政变出逃至晋国，受到晋国国君的厚待，后来，晋国国君还将苗邑封给他，其后人以邑名为姓。

【本姓名人】 唐朝诗人苗发，清朝语言学家苗夔。

姓氏属地：平阳郡，今山西省临汾市。

【姓氏来源】 传说帝喾曾任凤鸟氏为历正，掌管历法节气时令，凤鸟氏的子孙即以祖上的官名为姓。

【本姓名人】 明朝衡州知府凤翕如，现代采矿专家凤冠绥。

姓氏属地：东平郡，今山东省东平县。

【姓氏来源】 从华姓中分化出来。

【本姓名人】 唐朝名将花敬定，明朝名将花云，诗人花润生。

姓氏属地：河南郡，今河南省洛阳市。

【姓氏来源】 黄帝后裔方雷氏，其裔孙方叔在周宣王时，因军功封侯，子孙以祖先名字为姓。

【本姓名人】 明朝学者方孝孺，现代革命烈士方志敏。

姓氏属地：河间郡，今河北省献县。

【姓氏来源】 传说黄帝时代有名医俞跗，为俞姓始祖。

【本姓名人】 明朝名将俞大猷，当代学者俞平伯。

姓氏属地：乐安郡，今山东省广饶县。

【姓氏来源】 传说黄帝的小儿子禺阳被封于任，其后代以封地名为姓。

【本姓名人】 现代革命烈士任锐，当代无产阶级革命家任弼时。

姓氏属地：汝南郡，今河南省平舆县。

【姓氏来源】 舜帝后裔胡公满的裔孙名叫伯爰，其子孙以祖上的名为姓（古代爰、袁通用）。

【本姓名人】 明朝诗人袁宏道、袁宗道、袁中道，军事家袁崇焕，清朝学者袁枚。

姓氏属地：河东郡，今山西省夏县。

【姓氏来源】 春秋时期鲁孝公裔孙展禽封于柳下，即坐怀不乱的柳下惠，其后人以先祖封地名为姓。

【本姓名人】 唐朝文学家、哲学家柳宗元，书法家柳公权，北宋词人柳永。

姓氏属地：京兆郡，今陕西省西安市。

【姓氏来源】 周武王将酆地封给自己最小的弟弟姬封，姬封的后人以先祖封邑名为姓。

【本姓名人】 春秋时期潞邑执政酆舒，宋朝道家酆去奢。

姓氏属地：上党郡，今山西省长治市。

【姓氏来源】 夏禹的后裔在春秋时期的齐国做官，后被封于鲍地，其后代便以“鲍”为姓。

【本姓名人】 春秋时期齐国名人鲍叔牙。

姓氏属地：京兆郡，今陕西省西安市。

【姓氏来源】 传说仓颉是黄帝的史官，其后人以他的官名为姓。

【本姓名人】 明朝抗清名将史可法，清朝文学家史震林。

姓氏属地：晋昌郡，今陕西省石泉县。

【姓氏来源】 传说舜帝将尧的儿子丹朱封于唐地，其子孙以封地名为姓。

【本姓名人】 明朝文学家、画家唐寅。

姓氏属地：江夏郡，今湖北省武汉市。

【姓氏来源】 传说伯益帮助大禹治水有功，受封于费地，后裔以封地名为姓。

【本姓名人】 西汉学者费直，三国时蜀大臣费祎。

姓氏属地：河东郡，今山西省夏县。

【姓氏来源】传说颛顼有一个孙子名叫大廉，他的后人以祖先名为姓。

【本姓名人】战国时期赵国名将廉颇。

姓氏属地：南阳郡，今河南省南阳市。

【姓氏来源】周武王封其同父异母的弟弟姬渠于岑地，姬渠后人以封地名为姓。

【本姓名人】东汉名将岑彭，唐朝诗人岑参。

姓氏属地：河东郡，今山西省夏县。

【姓氏来源】黄帝的裔孙奚仲受封于薛，后人曾建立薛国。战国时期，薛国为齐国所灭，其子孙以国名为姓。

【本姓名人】隋朝诗人薛道衡，唐朝名将薛仁贵。

姓氏属地：冯翊郡，今陕西省大荔县。

【姓氏来源】传说黄帝时代有一位名医，名叫雷公，其后人以其名为姓。

【本姓名人】共产主义战士雷锋。

姓氏属地：广平郡，今河北省鸡泽县。

【姓氏来源】齐桓公后裔庆封传至东汉安帝时，为避安帝父亲刘庆名讳，便将“庆”姓改为“贺”姓。

【本姓名人】唐朝诗人、书法家贺知章，当代无产阶级革命家、军事家贺龙。

姓氏属地：千乘郡，今山东省高青县。

【姓氏来源】周朝时期有郳国，郳文公的儿子被封于郳。后来，楚灭郳，郳的后人为纪念故国并避祸，便将原国名“郳”去掉邑旁，以

“倪”为姓。

【本姓名人】 元朝诗人、画家倪瓒。

姓氏属地：中山郡，今河南省定州市。

【姓氏来源】 商朝开国君主成汤的后嗣以祖先的名为姓。

【本姓名人】 明朝戏曲家汤显祖。

姓氏属地：南阳郡，今河南省南阳市。

【姓氏来源】 周武王封自己的弟弟叔绣于滕地，后建滕国。滕国两次遭受灭国命运，先亡于越，后灭于宋，后人以先祖封国名为姓。

【本姓名人】 唐朝画家滕昌佑，清代著名孝子滕网。

姓氏属地：汝南郡，今河南省平舆县。

【姓氏来源】 商朝盘庚迁都于殷，史称殷商。商灭亡后，商纣王的后嗣以故国名为姓。

【本姓名人】 东汉名臣殷丹，东晋文学家殷仲文，唐朝名臣殷开山，画家殷仲容，明朝学者殷奎，清朝书画家殷云楼。

姓氏属地：豫章郡，今江西省南昌市。

【姓氏来源】 祝融的后代于春秋时期封于罗，并建立罗国，后罗国灭于楚国，后人以故国名为姓。

【本姓名人】 元末明初小说家罗贯中，当代无产阶级革命家、军事家罗荣桓，国际共产主义战士罗盛教。

姓氏属地：河南郡，今河南省洛阳市。

【姓氏来源】 周武王封其弟姬高于毕，其后人以先祖封国名为姓。

【本姓名人】 宋朝发明家毕昇。

姓氏属地：太原郡，今山西省太原市。

【姓氏来源】 殷商第二十七代帝王乙封他的儿子子期于郝地，其后代以封地名为姓。

【本姓名人】 汉朝名士郝子廉，唐朝名臣郝处俊。

姓氏属地：太原郡，今山西省太原市。

【姓氏来源】 颛顼后裔曾封于邬，其后人以封邑名为姓。

【本姓名人】 唐朝书法家邬彤，宋朝学者邬克诚，明朝学者邬良佐，诗人邬佐卿，名臣邬璹，清朝画家邬希文。

姓氏属地：武陵郡，今湖南省溆浦、常德一带。

【姓氏来源】 传说黄帝儿子昌意子安居于西戎，建安息国，其后代以“安”为姓。

【本姓名人】 明朝名臣安文璧，清朝收藏家安歧，当代革命烈士安业民，香港著名爱国人士安子介。

姓氏属地：平原郡，今山东省平原县。

【姓氏来源】 传说黄帝时期有司空，名叫常先，其后代以祖先名为姓。

【本姓名人】 唐朝诗人常建，明朝名将常遇春，散曲作家常伦，豫剧表演艺术家常香玉。

姓氏属地：南阳郡，今河南省南阳市。

【姓氏来源】 宋戴公子衎字乐父，其子孙以祖先字为姓。

【本姓名人】 战国时期魏国名将乐毅。

姓氏属地：东海郡，今山东省郯城县。

【姓氏来源】 周武王将第三个儿子叔封于邘，并建邘国，其后代以国名为姓，因“邘”“于”同音，后世子孙去掉邑旁，改用“于”姓。

【本姓名人】明朝名臣于谦。

姓氏属地：陇西郡，今甘肃省临洮县。

【姓氏来源】 殷商后人被封于时地，其子孙以封邑名为姓。

【本姓名人】 宋朝学者时少章，当代劳动模范时传祥。

姓氏属地：清河郡，今河北省清河县。

【姓氏来源】 殷商武丁时期有一位宰相名说，因他早年居住于傅岩，封相后便叫傅说，其后世以“傅”为姓。

【本姓名人】 现代作家、翻译家傅雷。

姓氏属地：天水郡，今甘肃省通渭县。

【姓氏来源】 周宣王时，鲁献公儿子仲山甫辅佐周朝中兴有功，被封于樊，后代以樊为姓，樊氏后裔樊仲皮的有些子孙以祖先名字中的“皮”字为姓。

【本姓名人】 唐末诗人皮日休，清朝经史学家皮锡瑞。

姓氏属地：济阳郡，今河南省兰考县。

【姓氏来源】 传说黄帝裔孙封于卞国，其后代以封国名为姓。

【本姓名人】 现代诗人卞之琳。

姓氏属地：汝南郡，今河南省平舆县。

【姓氏来源】 商末姜尚辅佐周武王推翻商纣王，建立周朝，被封于齐国，其后人以封国名为姓。

【本姓名人】 当代国画大师齐白石。

姓氏属地：京兆郡，今陕西省西安市。

【姓氏来源】 周武王封其弟姬封于康，称为康叔，其子孙以其先祖谥号“康”为姓。

【本姓名人】 清末改良派领袖康有为。

姓氏属地：安定郡，今宁夏回族自治区固原市。

【姓氏来源】传说黄帝时期有一位大臣，名叫伍胥，是伍姓的始祖。

【本姓名人】春秋时吴国大臣伍子胥，民国时期外交家伍廷芳。

姓氏属地：下邳郡，今江苏省睢宁县。

【姓氏来源】春秋时期，西戎有一位叫由余的官员投奔秦穆公，辅佐秦穆公成就了一番事业，后人以他的名字为姓，有些姓由，有些姓余。

【本姓名人】清朝文学家余怀，经学家余萧客。

姓氏属地：河南郡，今河南省洛阳市。

【姓氏来源】相传商朝太史元铣，是元姓的祖先。

【本姓名人】唐朝诗人元稹，金代文学家元好问。

姓氏属地：西河郡，今山西省吕梁市。

【姓氏来源】周朝有太卜，掌管占卜吉凶，其后人以官名为姓。

【本姓名人】春秋末孔子著名弟子卜商（子夏），清朝画家卜舜年。

姓氏属地：武陵郡，今湖南省溆浦、常德一带。

【姓氏来源】夏朝曾有一个顾国，后商汤灭夏，顾国亦随之覆亡，顾国后代遂以故国名为姓。

【本姓名人】东晋画家顾恺之，明末思想家顾炎武，当代历史学家顾颉刚。

姓氏属地：洛阳郡，今河南省洛阳市。

【姓氏来源】春秋时期，鲁桓公的儿子庆父作乱，举国愤怒，庆父逃亡至莒国，改自己的姓仲孙氏为孟孙氏，其子孙再改为孟姓。

【本姓名人】战国时期思想家孟轲，唐朝诗人孟浩然、孟郊。

姓氏属地：河内郡，今河南省武陟县。

【姓氏来源】韩哀侯儿子婼封于平，后代以封邑名为姓。

【本姓名人】宋朝学者平居海，清朝书法家平翰。

姓氏属地：江夏郡，今湖北省武汉市。

【姓氏来源】颛顼曾孙陆终之后于周初被封于黄，后建立黄国。春秋时，黄国为楚所灭，其子孙以故国名为姓。

【本姓名人】唐末农民起义领袖黄巢，宋朝诗人黄庭坚，元朝女纺织家黄道婆，清朝思想家黄宗羲。

姓氏属地：汝南郡，今河南省平舆县。

【姓氏来源】传说尧帝时期，有一位执掌天文历算的官员，名叫羲和，其后人以祖先的名为姓。

【本姓名人】三国时魏国著名廉吏和洽。

姓氏属地：河南郡，今河南省洛阳市。

【姓氏来源】春秋时期宋殇公治国有方，为人谦让，逝世后获谥号“穆”，其后人为纪念祖先，以其谥号为姓。

【本姓名人】唐朝画家穆修己，宋朝散文家穆修。

姓氏属地：兰陵郡，今山东省枣庄市。

【姓氏来源】春秋时期宋国微子启的后裔大心，因平息国内叛乱有功而被封于萧，并建萧国。楚灭萧后，其后人以故国名为姓。

【本姓名人】汉朝名臣萧何，南朝梁武帝萧衍，文学家萧统、萧绎，清朝太平天国名将萧朝贵。

姓氏属地：天水郡，今甘肃省通渭县。

【姓氏来源】传说少昊帝儿子般担任掌管百工的工正一职。后受封于

尹，其后人以先祖封地名为姓。

【本姓名人】 周朝大臣尹吉甫。

姓氏属地：吴兴郡，今浙江省湖州市。

【姓氏来源】 传说舜帝出生于姚墟，舜的后裔以其祖先的出生地为姓。

【本姓名人】 汉朝经学家姚平，唐朝历史学家姚思廉。

姓氏属地：博陵郡，今河北省蠡县。

【姓氏来源】 周武王封周文王庶子奭于燕，后又封于召，史称召公，其后人以先祖封地名为姓，后来又有子孙在召字旁加邑旁，成为邵姓。

【本姓名人】 清朝诗人邵长蘅，当代政治家邵力子，诗人邵洵美，作家邵荃麟。

姓氏属地：豫章郡，今江西省南昌市。

【姓氏来源】 传说大禹时期曾有斟灌国，其后人将国名去掉偏旁，形成湛姓。

【本姓名人】 宋朝屯田郎中湛俞，明朝清廉知府湛礼，学者湛若水。

姓氏属地：平阳郡，今山西省临汾市。

【姓氏来源】 传说上古时期曾有汪芒国，姓漆，其后人迁居越国，改称汪芒氏。楚灭越后，汪芒氏再迁往别处，并将姓氏改成汪姓。

【本姓名人】 宋朝诗人汪藻、汪元量，元朝散曲家汪元亨。

姓氏属地：太原郡，今山西省太原市。

【姓氏来源】 传说尧帝复姓伊祁，后人中有的以“祁”为姓。

【本姓名人】 春秋时晋国名臣祁奚，清朝学者祁韵士。

姓氏属地：西河郡，今山西省吕梁市。

【姓氏来源】 周文王儿子伯聘被封于毛，后人以封邑名为姓。

【本姓名人】 战国时赵国名士毛遂，当代中国共产党、中国人民解放军、中华人民共和国主要缔造者和领导者毛泽东。

姓氏属地：陇西郡，今甘肃省临洮县。

【姓氏来源】 传说古代曾有小国，名鄅。后来，该国灭亡，国人为纪念故国，去掉“鄅”的偏旁而姓禹。

【本姓名人】 金朝名将禹显，明朝名吏禹祥。

姓氏属地：天水郡，今甘肃省通渭县。

【姓氏来源】 周康王将其弟封于狄，后建狄国。后人以国名为姓。

【本姓名人】 唐朝名臣狄仁杰，宋朝名将狄青。

姓氏属地：京兆郡，今陕西省西安市。

【姓氏来源】 隋唐时，西域有米国。米国人进入中原定居后，以国名为姓。

【本姓名人】 北宋书画家米芾。

姓氏属地：清河郡，今河北省清河县。

【姓氏来源】 召康公儿子封于郥国，后人去邑旁以贝为姓氏。

【本姓名人】 南朝书法家贝义渊。

姓氏属地：吴兴郡，今浙江省湖州市。

【姓氏来源】 传说燧人氏有一位大臣，名叫明由，这是明姓的始祖。

【本姓名人】 晋朝以清廉著称的主簿明汲，元朝高僧明本。

姓氏属地：东海郡，今山东省郯城县。

【姓氏来源】 鲁孝公的儿子彄受封于臧地，其后人以封地名为姓。

【本姓名人】 当代诗人臧克家。

姓氏属地：京兆郡，今陕西省西安市。

【姓氏来源】 大禹后裔被封于计，后人以封地名为姓。

【本姓名人】 春秋时期越国学者计然。

姓氏属地：太原郡，今山西省太原市。

【姓氏来源】 远古传说中有伏羲氏，其后裔以“伏”为姓。

【本姓名人】 西汉经学家伏胜，东汉学者伏理。

姓氏属地：上谷郡，今河北省怀来一带。

【姓氏来源】 周武王封其弟叔武于郕，建立郕国。叔武的后人去掉邑旁，以“成”为姓。

【本姓名人】 西晋文学家成公绥，金朝医学家成无己。

姓氏属地：谯郡，今安徽省亳州市。

【姓氏来源】 西周时期曾有戴国，后被宋灭，其国人便以故国名为姓。

【本姓名人】 唐朝画家戴嵩，诗人戴叔伦。

姓氏属地：广平郡，今河北省鸡泽县。

【姓氏来源】 传说少昊后裔被封于郯，建立郯国。后郯国为越所灭，国人遂以“谈”为姓（古时“郯”“谈”通用）。

【本姓名人】 清朝史学家谈迁，天文历算家谈泰，画家谈友仁。

姓氏属地：京兆郡，今陕西省西安市。

【姓氏来源】 周武王封商纣王庶兄微子启于宋，建宋国。宋国后来为齐所灭，其国人以故国名为姓。

【本姓名人】 春秋时期辞赋家宋玉，唐朝诗人宋之问，明朝科学家宋应星，近代民主志士宋教仁，中华人民共和国名誉主席宋庆龄。

姓氏属地：东海郡，今山东省郯城县。

【姓氏来源】周公的儿子受封于茅，建茅国，后茅国为邹所灭，其国人以故国名为姓。

【本姓名人】现代桥梁专家茅以升。

姓氏属地：始平郡，今陕西省兴平市。

【姓氏来源】周文王儿子毕公高的一支后代曾封于庞，其后人以先祖封地名为姓。

【本姓名人】南朝宋梁州刺史庞秀之，唐初名将庞玉。

姓氏属地：江陵郡，今湖北省荆州市。

【姓氏来源】传说黄帝建都于有熊，所以黄帝又称有熊氏，其部分后人以“熊”为姓。

【本姓名人】北朝经学家熊安生，元朝音乐家熊朋来。

姓氏属地：天水郡，今甘肃省通渭县。

【姓氏来源】周武王封炎帝的后裔于纪，后建纪国。纪国为齐国所灭后，国人以故国名为姓。

【本姓名人】清朝文学家纪昀。

姓氏属地：京兆郡，今陕西省西安市。

【姓氏来源】传说颛顼的后代封于舒，舒国后人以国名为姓。

【本姓名人】清朝诗人舒位，当代书法家舒同。

姓氏属地：临海郡，今浙江省临海市。

【姓氏来源】楚武王封其儿子瑕于屈，瑕的后人以封地名为姓。

【本姓名人】 战国时期楚国诗人屈原。

姓氏属地：辽西郡，今辽宁省义县。

【姓氏来源】 楚国有一位公子，名燕，曾受封于项，其后代以封地名为姓。

【本姓名人】 秦末农民起义领袖项羽。

姓氏属地：太原郡，今山西省太原市。

【姓氏来源】 周武王封黄帝后裔于祝，建祝国，其后人以封国名为姓。

【本姓名人】 明朝诗人祝泰、书法家祝允明，清朝画家祝昌。

姓氏属地：陇西郡，今甘肃省临洮县。

【姓氏来源】 传说舜帝时期，有一个人叫做董父，他专门为舜帝饲养龙，舜帝赐他姓董，其后人便沿袭下来。

【本姓名人】 西汉哲学家董仲舒，当代革命烈士董存瑞。

姓氏属地：安定郡，今宁夏回族自治区固原市。

【姓氏来源】 周平王将大夫秦仲的儿子康封于梁，建梁国。梁国后来为秦所灭，其后人以故国名为姓。

【本姓名人】 近代学者、改良派领袖梁启超。

姓氏属地：京兆郡，今陕西省西安市。

【姓氏来源】 尧帝的后裔，曾被封于唐，建唐国。后来，唐国被周公所灭，后人被改封于杜，杜国灭亡后，国人以故国名为姓。

【本姓名人】 唐朝名臣杜如晦，诗人杜甫、杜牧、杜荀鹤。

姓氏属地：陈留郡，今河南省开封市。

【姓氏来源】 商朝时曾有阮国，周武王灭商，阮国覆亡，其后人以故国名为姓。

【本姓名人】 三国时期魏国文学家阮籍。

姓氏属地：汝南郡，今河南省平舆县。

【姓氏来源】 春秋时期，楚国公子亹被封于蓝，其子孙以封邑名为姓。

【本姓名人】 宋朝诗人蓝元威，明朝大将蓝玉。

姓氏属地：陇西郡，今甘肃省临洮县。

【姓氏来源】 春秋时期，鲁庄公的儿子继承王位不久，即遭杀害，被谥为鲁闵公，其后人以先祖谥号名“闵”为姓。

【本姓名人】 明朝刑部尚书闵珪，清朝画家闵贞。

姓氏属地：安定郡，今宁夏回族自治区固原市。

【姓氏来源】 秦末时，晋国大夫籍谈的后代为避项籍名讳，一部分改姓席，另一部分改姓谈。

【本姓名人】 当代台湾女诗人、散文家席慕容。

姓氏属地：渤海郡，今山东省高青县。

【姓氏来源】 春秋时期，鲁桓公弟弟季友之后因有政绩，颇受国君赏识和百姓拥戴，他死后被谥为季文子，其后人以其谥号为姓。

【本姓名人】 汉初游侠季布，当代学者季羡林。

姓氏属地：上谷郡，今河北省怀来县。

【姓氏来源】 楚国公族熊婴迁往齐国，改为麻姓，后代便沿袭下来。

【本姓名人】 汉朝学者麻达，宋朝学者麻九筹。

姓氏属地：天水郡，今甘肃省通渭县。

【姓氏来源】 春秋时期，齐国有一个大夫，名叫公孙彊，其后人以先祖名为姓（古代“彊”与“强”相通）。

【本姓名人】 唐朝大理少卿强循，宋朝学者强至。

姓氏属地：武威郡，今甘肃省武威市。

【姓氏来源】 周康王封叔父唐叔虞的儿子于贾，建贾国。后贾国为晋所灭，后人以故国名为姓。

【本姓名人】 西汉政论家贾谊，东汉经学家贾逵，北魏农学家贾思勰，唐朝诗人贾岛。

姓氏属地：内黄郡，今河南省内黄县。

【姓氏来源】 帝喾的后人玄元，因功被尧帝封为路中侯，其后代以先祖封号为姓。

【本姓名人】 唐朝学者路敬德，明代御史路振飞。

姓氏属地：谯郡，今安徽省亳州市。

【姓氏来源】 周武王封夏少康的后人东楼公于杞。春秋时期，杞国为楚所灭，东楼公后裔去掉楼字的木旁，以“娄”为姓。

【本姓名人】 明朝书法家娄家，理学家娄谅，奇女娄妃。

姓氏属地：汝南郡，今河南省平舆县。

【姓氏来源】 传说尧帝将帝位让给舜之后，其儿子联合三苗族起兵攻舜，企图夺回帝位，舜帝在敉平叛乱后，将三苗族迁至危山，三苗族的后裔便以“危”为姓。

【本姓名人】 明朝史学家危素，名医危亦林，清朝名士危龙光。

姓氏属地：济阳郡，今山东省济阳县。

【姓氏来源】 大禹时期大臣伯益，受封于江。春秋时期，江国被楚所灭，其国人便以故国名为姓。

【本姓名人】 曾任中共中央总书记、中华人民共和国主席江泽民。

姓氏属地：雁门郡，今山西省代县。

【姓氏来源】 传说颛顼有一个儿子，名叫老童，其后代以他的名字中的“童”为姓。

【本姓名人】 清朝诗人童钰、童朝仪，当代生物学家童第周。

姓氏属地：鲁郡，今山东省曲阜市。

【姓氏来源】 春秋时期，鲁国公族伯禽的后人曾受封于颜，其子孙以封邑名为姓。

【本姓名人】 战国时期孔子学生颜回，唐朝书法家颜真卿。

姓氏属地：太原郡，今山西省太原市。

【姓氏来源】 周武王封其叔父姬仲于虢，建虢国。后来虢国为晋所灭，其国人便以“郭”为姓（古代“郭”“虢”通用）。

【本姓名人】 唐朝名将郭子仪，当代社会活动家、文学家、史学家郭沫若，诗人郭小川。

姓氏属地：汝南郡，今河南省平舆县。

【姓氏来源】 周武王封商纣王忠臣梅伯的孙子为忠侯，为纪念祖先，忠侯的后裔以“梅”为姓。

【本姓名人】 北宋文学家梅尧臣，当代京剧表演艺术家梅兰芳。

姓氏属地：汝南郡，今河南省平舆县。

【姓氏来源】 召公奭的子孙中有人被封于盛，盛国是燕国的附庸，后为秦灭，国人以故国名为姓。

【本姓名人】 宋朝名士盛明远，诗人盛次仲。

姓氏属地：西河郡，今山西省吕梁市。

【姓氏来源】 商纣王忠臣比干遇害后，其有孕在身的妻子连夜逃出朝歌，在牧野树林中生下一个儿子。周武王灭纣后，将比干的这个遗腹子赐姓为林。

【本姓名人】 清朝民族英雄林则徐，抗日殉国海军将领林永升，现代文学家林语堂。

姓氏属地：弘农郡，今河南省灵宝市。

【姓氏来源】 春秋时期，齐国大夫竖刁的后人以其名为姓。

【本姓名人】 清朝书法家刁戴高。

姓氏属地：颍川郡，今河南省禹州市。

【姓氏来源】 春秋时期，楚国公族钟建封于钟吾，其后人以钟吾为姓，后有子孙省去“吾”字，以“钟”为姓。

【本姓名人】 三国时期书法家钟繇。

姓氏属地：东海郡，今山东省郯城县。

【姓氏来源】 大禹封伯益的儿子于徐，建徐国。春秋时期，徐国被吴国所灭，国人以故国名为姓。

【本姓名人】 明朝文学家旅行家徐霞客，现代诗人徐志摩，当代油画大师徐悲鸿。

姓氏属地：河南郡，今河南省洛阳市。

【姓氏来源】 姜太公被封于齐，都城营邱，其后人有的以国都名为姓氏。

【本姓名人】 当代战斗英雄邱少云。

姓氏属地：内黄郡，今河南省内黄市。

【姓氏来源】 姜太公的子孙中有一个名叫骆，其后人以祖先名为姓。

【本姓名人】 唐朝文学家骆宾王。

姓氏属地：渤海郡，今河北省沧县。

【姓氏来源】 齐文公的儿子受封于高，其后人以封地名为姓。

【本姓名人】 唐朝诗人高适，清朝文学家高鹗。

姓氏属地：会稽郡，今江苏省苏州市。

【姓氏来源】 夏朝灭亡后，夏的后人有一部分以国名为姓。

【本姓名人】 现代革命烈士夏明翰。

姓氏属地：济阳郡，今河南省兰考县。

【姓氏来源】 周武王封其弟叔度于蔡，叔度后人建蔡国。蔡灭于楚后，其国人以故国名为姓。

【本姓名人】 东汉发明家蔡伦，文学家蔡邕，近代军事家蔡锷，教育家蔡元培，现代革命烈士蔡和森。

姓氏属地：雁门郡，今山西省代县。

【姓氏来源】 春秋时期，陈国公子完逃往齐国，齐国国君将他封于田，其后人以先祖封邑名为姓。

【本姓名人】 战国时期齐国军事家田忌。

姓氏属地：上党郡，今山西省长治市。

【姓氏来源】 周宣王封大臣仲山甫于樊，其后裔以封地名为姓。

【本姓名人】 西汉初年大将樊哙。

姓氏属地：安定郡，今宁夏回族自治区固原市。

【姓氏来源】 周武王封舜帝后裔妫满于陈，谥号陈胡公，其子孙有一部分以其谥号中的“胡”为姓。

【本姓名人】 明朝文学家胡应麟，现代学者胡适，当代无产阶级革命家胡耀邦。

姓氏属地：河间郡，今河北省献县。

【姓氏来源】 周武王的弟弟负责执掌宫廷所需冰块，官职为凌人，其后代以祖先官名为姓。

【本姓名人】 三国时吴国大将凌统、凌操。

姓氏属地：太原郡，今山西省太原市。

【姓氏来源】 周武王封其弟于霍，称霍叔。霍叔曾与管叔、蔡叔一起作乱，后被周公弹压，霍叔儿子继承其父封邑，建霍国。春秋时期，霍国灭于晋，国人遂以故国名为姓。

【本姓名人】 西汉名将霍去病。

姓氏属地：陈留郡，今河南省开封市。

【姓氏来源】 传说舜帝曾受封于虞，称有虞氏。后夏禹封舜帝后裔于虞，建虞国，虞国人后来以国名为姓。

【本姓名人】 西汉小说家虞初，三国时期经学家虞翻。

姓氏属地：扶风郡，今陕西省兴平市。

【姓氏来源】 春秋时期晋国大夫毕万，其后人中有的以“万”为姓。

【本姓名人】 现代剧作家万家宝（曹禺）。

姓氏属地：郃阳郡，今陕西省武功县。

【姓氏来源】 传说尧舜时代有一个名叫支父的高士，其后人以“支”为姓。

【本姓名人】 五代画家支仲元，宋朝画家支选，明朝画家支鉴。

姓氏属地：济阳郡，今河南省兰考县。

【姓氏来源】 春秋时期，吴国有公子柯卢，其后人以其名字中的“柯”为姓。

【本姓名人】 明朝文学家柯潜，清末抗日义士柯铁。

姓氏属地：太原郡，今山西省太原市。

【姓氏来源】 商朝曾有一位宰相，名叫咎单，其后人在“咎”字中增一横，姓“昝”，以避灾咎之意。

【本姓名人】 明朝名士昝如心，著名孝子昝学易。

姓氏属地：晋昌郡，今陕西省石泉县。

【姓氏来源】 周武王封其弟于管，人称管叔。管叔曾与霍叔、蔡叔一起发动叛乱，被周公弹压。管叔子孙出逃至山东，以先祖封地名为姓。

【本姓名人】 春秋时期齐国政治家管仲。

姓氏属地：范阳郡，今河北省涿州市。

【姓氏来源】 春秋时期齐文公之孙傒因功被封于卢，其后人以封地名为姓。

【本姓名人】 唐朝诗人卢照邻、卢纶。

姓氏属地：巨鹿郡，今河北省平乡县。

【姓氏来源】 传说颛顼曾建鄚城，后来颛顼后人去掉邑旁，以“莫”为姓。

【本姓名人】 明朝书画家莫是龙，清朝书法家莫友芝。

姓氏属地：荥阳郡，今河南省荥阳市。

【姓氏来源】 春秋时期郑国公子京叔段之后曾以京为姓。汉朝太守京房，遭奸臣迫害，冤死牢狱，其子孙为避祸，将京姓改为“经”。

【本姓名人】 明朝名士经承辅，清朝名士经元善。

姓氏属地：清河郡，今河北省清河县。

【姓氏来源】 传说舜帝封尧帝的儿子丹朱于房陵，丹朱后人建立房国，其子孙以国名为姓。

【本姓名人】 唐朝名臣房玄龄。

姓氏属地：渤海郡，今山东省高青县。

【姓氏来源】 春秋时期，卫国一位大夫被封于裘，其后人以封邑名为姓。

【本姓名人】 清朝学者兼名臣裘日修，戏曲作家裘琏。

姓氏属地：兰陵郡，今山东省枣庄市。

【姓氏来源】 春秋时期秦穆公的后人以其谥号为姓（古代“穆”“缪”通用）。

【本姓名人】 清朝诗人缪彤，女画家缪嘉惠，现代历史学家缪钺。

姓氏属地：颍川郡，今河南省禹州市。

【姓氏来源】 春秋时期，宋国有一位大夫名叫干犨，其后人以其名字中的“干”为姓。

【本姓名人】 春秋时期铸剑家干将，晋朝文史学家干宝。

姓氏属地：平阳郡，今山西省临汾市。

【姓氏来源】 周成王弟弟唐叔虞受封于解，其后人以封邑名为姓。

【本姓名人】 春秋时晋国名士解狐，明朝学者解缙。

姓氏属地：汝南郡，今河南省平舆县。

【姓氏来源】 周武王第四个儿子受封于应，建应国，后人以先祖封国名为姓。

【本姓名人】 宋朝诗人应子和，元朝学者应象翁。

姓氏属地：京兆郡，今陕西省西安市。

【姓氏来源】 周朝官制设六官，其中春官宗伯执掌祭祀典礼等事宜，宗伯的后代便以祖先的官职名为姓。

【本姓名人】 当代美学家宗白华。

姓氏属地：济阳郡，今河南省兰考县。

【姓氏来源】 姜太公的儿子伋辅佐周成王有功，死后追谥为“齐丁公”，其后代中有人以其谥号中的“丁”字为姓。

【本姓名人】 清朝地理学家丁谦，名将丁汝昌。

姓氏属地：始平郡，今陕西省兴平市。

【姓氏来源】 春秋时期鲁国大夫宣伯的后人以先祖的谥号“宣”为姓。

【本姓名人】 后汉名臣宣秉，宋朝名士宣明。

姓氏属地：宣城郡，今安徽省宣城市。

【姓氏来源】 春秋时期鲁国贵族贲父的后裔以其先祖名字中的“贲”字为姓。

【本姓名人】 晋朝名士贲嵩，元代将军贲亨。

姓氏属地：南阳郡，今河南省南阳市。

【姓氏来源】 商朝君主武丁封叔父曼季于邓，建邓国。邓国后来为楚所灭，其国人以故国名为姓。

【本姓名人】 当代无产阶级革命家邓小平、邓颖超，革命烈士邓中夏，理论物理学家邓稼先。

姓氏属地：黎阳郡，今河南省浚县。

【姓氏来源】 春秋时期鲁国宰相郁黄的后人以其先祖名字中的“郁”字为姓。

【本姓名人】 现代作家郁达夫。

姓氏属地：南安郡，今甘肃省陇西县。

【姓氏来源】 周成王将自己的儿子臻封于单，臻的后人以先祖封地名为姓。

【本姓名人】 唐初名将单雄信，清朝户部右侍郎单酬书。

姓氏属地：余杭郡，今浙江省杭州市。

【姓氏来源】 传说大禹治水后，尚剩下很多船只，他派自己的儿子将这些船只集中到一起进行管理，并将集中地封为余航国。后余航国人去掉舟旁加木旁，以“杭”为姓。

【本姓名人】 东汉长沙太守杭徐，清朝学者杭世骏。

姓氏属地：豫章郡，今江西省南昌市。

【姓氏来源】 传说上古英雄共工的后人原以共为姓，为避仇而加水旁改姓“洪”。

【本姓名人】 清朝戏曲家洪升，学者洪亮吉，近代农民起义领袖洪秀全。

姓氏属地：上党郡，今山西省长治市。

【姓氏来源】 春秋时期楚国大夫申包胥的后代以先祖名字中的“包”为姓。

【本姓名人】 宋朝名臣包拯。清朝书法家包世臣。

姓氏属地：琅邪郡，今山东省诸城市。

【姓氏来源】 春秋时期越王勾践后裔有闽粤王元诸，其后人以先祖名字中的“诸”字为姓。

【本姓名人】 明朝学者诸茂卿，画家诸祖潜，循吏诸弘道，奇女子诸娥，清朝学者诸九鼎。

姓氏属地：济阳郡，今河南省兰考县。

【姓氏来源】 周朝的史官分为左史、右史。左史的后人以先祖的官职名为姓。

【本姓名人】 清朝名臣左宗棠。现代革命烈士、八路军高级将领左权。

姓氏属地：武威郡，今甘肃省武威市。

【姓氏来源】 春秋时期卫国有一位大夫，名叫石碏，其后人以先祖名字为姓。

【本姓名人】 宋朝名将石守信，清朝太平天国名将石达开。

姓氏属地：博陵郡，今河北省安平县。

【姓氏来源】 姜太公的孙子季子受封于崔，其子孙以先祖封地名为姓。

【本姓名人】 唐朝诗人崔护、崔颢，清朝学者崔述，诗人崔华。

姓氏属地：冯翊郡，今陕西省大荔县。

【姓氏来源】 周宣王大臣尹吉甫的子孙以其先祖名字中的“吉”字为姓。

【本姓名人】 现代爱国将领吉鸿昌。

姓氏属地：吴兴郡，今浙江省湖州市。

【姓氏来源】 据传，东晋时期有一位名叫钮滔的人是钮姓的祖先。

【本姓名人】 明朝名臣钮衍，清朝文字学家钮树玉，画家钮枢。

姓氏属地：武陵郡，今湖南省溆浦、常德一带。

【姓氏来源】 传说黄帝时期，大臣共工司水土，后其子句龙继承父职。他们的后裔将先祖名字中各取一半，成为“龚”姓。

【本姓名人】 清朝思想家、文学家龚自珍。

姓氏属地：安定郡，今宁夏回族自治区固原市。

【姓氏来源】 远古传说中有祝融氏，其后裔在商朝时，曾受封于程，其子孙以先祖封国名为姓。

【本姓名人】 宋朝理学家程颐、程颢。

姓氏属地：谯郡，今安徽省亳州市。

【姓氏来源】 夏朝君主少康将儿子封于会稽，便有了稽姓。汉初，稽姓迁往谯郡嵇山（今安徽亳州市一带），改“稽”姓为“嵇”姓。

【本姓名人】 三国时期魏国文学家嵇康。

姓氏属地：河间郡，今河北省献县。

【姓氏来源】 周公第四个儿子封于邢地，建邢国，其后人以国名为姓。

【本姓名人】 明朝书法家邢侗，清朝诗人邢昉。

姓氏属地：下邳郡，今江苏省睢宁县。

【姓氏来源】 滑国是周朝的诸侯国，春秋时期为晋国所灭，国人以故国名为姓。

【本姓名人】 明朝医学家滑寿。

姓氏属地：河东郡，今山西省夏县。

【姓氏来源】 伯益的后裔曾封为裴乡侯，其后代以先祖封号为姓。

【本姓名人】 晋朝地图学家裴秀，唐朝名臣裴寂。

姓氏属地：河南郡，今河南省洛阳市。

【姓氏来源】 齐宣王封其子季逵于陆乡，季逵后代以先祖封地名为姓。

【本姓名人】 宋朝诗人陆游。

姓氏属地：上谷郡，今河北省怀来县。

【姓氏来源】 周文王的臣子夷公受封于荣，其后人以先祖封地名为姓。

【本姓名人】 原中华人民共和国副主席荣毅仁。

姓氏属地：钱塘郡，今浙江省杭州市。

【姓氏来源】 周昭王的庶子受封于翁山，其后人以先祖封地名为姓。

【本姓名人】 唐朝诗人翁洮，宋朝学者翁梦得，诗人翁卷。

姓氏属地：河内郡，今河南省武陟县。

【姓氏来源】 周文王的儿子封于郇，建立郇国。春秋时期，郇国为晋国所灭。其后人以故国名为姓，去掉邑旁加草头改为荀。

【本姓名人】 战国时期思想家荀况。

姓氏属地：京兆郡，今陕西省西安市。

【姓氏来源】 春秋时期晋国大夫祁盈受封于羊舌，其后人去舌以“羊”为姓。

【本姓名人】 当代台湾诗人羊令野。

姓氏属地：京兆郡，今陕西省西安市。

【姓氏来源】 传说黄帝的孙子受封于於，其后人以先祖封地名为姓。

【本姓名人】 南宋画家於清言，明朝画家於竹屋。

姓氏属地：扶风郡，今陕西省兴平市。

【姓氏来源】 周惠王的后人以先祖的谥号为姓。

【本姓名人】 春秋时期梁国名臣惠施，唐朝高僧惠宽。

姓氏属地：中山郡，今河南省定州市。

【姓氏来源】 传说皋陶的孙子仲甄在夏朝做官，被封于甄，其后人以封邑名为姓。

【本姓名人】 三国时魏文帝曹丕皇后甄宓。

姓氏属地：汝南郡，今河南省平舆县。

【姓氏来源】 西周时期，负责酿酒的官员为麴人，其子孙以先祖的官职名为姓。

【本姓名人】 战国时期燕国名臣麴武，西晋左仆射麴允，唐朝诗人麴瞻。

姓氏属地：京兆郡，今陕西省西安市。

【姓氏来源】 周孝王有一个儿子，名家父，其子孙以祖上名为姓。

【本姓名人】 宋朝文人家安国、家定国、家勤国三兄弟。

姓氏属地：渤海郡，今山东省高青县。

【姓氏来源】 传说炎帝之孙巨，任过黄帝的老师。夏朝时，巨的后裔受封于封，其后人以封地名为姓。

【本姓名人】 三国时期魏国道学家封衡，唐朝学者封演。

姓氏属地：平原郡，今山东省平原县。

【姓氏来源】 周武王封司徒于芮，建芮国。春秋时期，芮国亡于晋，其国人以故国名为姓。

【本姓名人】 唐朝学者芮挺章，清朝学者芮城。

姓氏属地：齐郡，今山东省淄博市。

【姓氏来源】 传说上古时期有一位名叫后羿的英雄，其后人以先祖的名为姓。

【本姓名人】 明初名臣羿忠。

姓氏属地：河东郡，今山西省夏县。

【姓氏来源】 传说上古时期，曾有储国，其后人以国名为姓。

【本姓名人】 唐朝诗人储光羲，清朝学者储欣、储大文。

姓氏属地：西河郡，今山西省吕梁市。

【姓氏来源】战国时期楚国大夫尚，受封于靳，即进谗言迫害屈原的靳尚。靳尚的后人以封地名为姓。

【本姓名人】清朝水利专家靳辅，现代诗人靳以。

姓氏属地：清河郡，今河北省清河县。

【姓氏来源】春秋时期卫宣公的太子居住在汲，人称太子汲，其后人便以先祖居住地为姓。

【本姓名人】西汉名臣汲黯，后魏兖州从事汲固。

姓氏属地：平阳郡，今山西省临汾市。

【姓氏来源】春秋时期，晋国有一位大夫被封于邴地，其后人以先祖封地名为姓。

【本姓名人】西汉末名臣邴汉，东汉名士邴原。

姓氏属地：汝南郡，今河南省平舆县。

【姓氏来源】夏朝诸侯有糜的后代以“糜”为姓。

【本姓名人】三国魏学者糜信，蜀安汉将军糜竺。

姓氏属地：东莞郡，今山东省沂水县。

【姓氏来源】相传秦始皇南巡途中遇雨，避雨于一棵松树下。后秦始皇封该树为“五大夫松”。同时避雨的人有的便以“松”为姓。

【本姓名人】隋朝勇士松赟，明朝良吏松冕。

姓氏属地：扶风郡，今陕西省兴平市。

【姓氏来源】周朝时诸侯国虞国有一位大夫，被封于井，其后人以先祖封地名为姓。

【本姓名人】东汉经学家、高士井丹，明朝给事中井田。

姓氏属地：京兆郡，今陕西省西安市。

【姓氏来源】春秋时期老子的孙子在晋国，后封于段，其后人以先祖封地名为姓。

【本姓名人】清朝文字、考据学家段玉裁。

姓氏属地：齐郡，今山东省淄博市。

【姓氏来源】周朝有大夫富辰，其后人以先祖名为姓。

【本姓名人】宋朝名相富弼，元朝文学家富恕。

姓氏属地：平阳郡，今山西省临汾市。

【姓氏来源】相传高辛氏的一个孙子受封于巫，其后人以先祖封地名为姓。

【本姓名人】明朝名士巫子秀、巫子肖。

姓氏属地：颍川郡，今河南省禹州市。

【姓氏来源】传说上古时期少昊曾以鸟来命名官名，曾有一位官员名乌乌氏，掌管山陵，其子孙以先祖官职名为姓。

【本姓名人】明朝学者乌本良，良吏乌浚。

姓氏属地：中山郡，今河南省定州市。

【姓氏来源】周武王封神农氏的后人于焦，后建立焦国。春秋时期，焦国灭于晋，国人以故国名为姓。

【本姓名人】辛亥革命烈士焦达峰。

姓氏属地：高平郡，今山东省巨野县。

【姓氏来源】周朝时，今四川地方有巴国。战国时期，巴国为秦国所灭，国人以故国名为姓。

【本姓名人】西汉太常卿巴茂，清朝书画家巴慰祖。

姓氏属地：太原郡，今山西省太原市。

【姓氏来源】春秋时期鲁国有一位大夫，名叫叔弓，其子孙以先祖名为姓。

【本姓名人】汉朝大臣弓林，前秦将领弓蚝。

姓氏属地：弘农郡，今河南省灵宝市。

【姓氏来源】传说黄帝时期有一位名叫力牧的大臣，其后人以祖先名为姓。

【本姓名人】孔子学生牧皮，明朝广西参议牧相。

姓氏属地：余杭郡，今浙江省杭州市。

【姓氏来源】商汤灭夏后，封夏桀后人于隗，曾建隗国。其后人以国名为姓。

【本姓名人】三国时期魏国学者隗禧，孝子隗相。

姓氏属地：河南郡，今河南省洛阳市。

【姓氏来源】周朝时期掌管山林的官员，名山师，其后人以祖先官职名为姓。

【本姓名人】汉朝高士山图，唐朝高僧山康。

姓氏属地：上谷郡，今河北省怀来县。

【姓氏来源】周朝时，曾封颛顼的后裔于秦谷，并建谷国。后谷国为楚所灭，其国人以故国名为姓。

【本姓名人】清朝画家谷士恒，史学家谷应泰。

姓氏属地：京兆郡，今陕西省西安市。

【姓氏来源】春秋时期秦国公族中，有一位名叫子车仲行的，其后人以其名字中的“车”为姓。

【本姓名人】 晋朝名臣车胤，唐朝画家车政道。

姓氏属地：上谷郡，今河北省怀来县。

【姓氏来源】 春秋时期晋国两位侯爵先后为晋武公所杀害，他们的后人逃亡至他国，遂以先祖的爵位为姓。

【本姓名人】 当代表演艺术家侯宝林，化学家侯德榜。

姓氏属地：平昌郡，今山东省安丘市。

【姓氏来源】 传说中的伏羲，又名宓牺。（古代“宓”“伏”二字通用）宓姓即为伏羲氏的后裔。

【本姓名人】 春秋时期孔子学生宓不齐。

姓氏属地：长乐郡，今河北省冀州市。

【姓氏来源】 周朝初年曾封子孙于蓬，后人以封地名为姓。

【本姓名人】 晋朝传奇人物蓬球。

姓氏属地：京兆郡，今陕西省西安市。

【姓氏来源】 西周时期曾经设立掌管钱财的机构，名泉府（古代“钱”“泉”同义），泉府官员的后人以先祖官职名为姓。因古代“泉”“全”通用，泉姓演变成全姓。

【本姓名人】 隋朝医学家全元起，民国学者全伯玉。

姓氏属地：山阳郡，今山东省金乡县。

【姓氏来源】 少昊的后人在周武王时受封于郗，子孙以封地名为姓。

【本姓名人】 东汉御史大夫郗虑，唐朝尚书郗士美。

姓氏属地：扶风郡，今陕西省兴平市。

【姓氏来源】 传说春秋时期楚国公族若敖之孙出生后被遗弃在野地，吃老虎奶长大，成人后身上布满虎斑纹，于是以“班”为姓（古代“班”“斑”通用）。

【本姓名人】女诗人班婕妤，东汉史学家班固、班昭。

姓氏属地：汝南郡，今河南省平舆县。

【姓氏来源】秦惠文王有一个儿子，名叫公子卬，公子卬的后人以祖先名加人旁，以“仰”为姓。

【本姓名人】汉朝御史仰祇，宋朝孝子仰忻。

姓氏属地：天水郡，今甘肃省通渭县。

【姓氏来源】春秋时期，鲁国大夫仲孙湫的孙子胡在陈国为官，以祖先名去掉水旁，以“秋”为姓。

【本姓名人】清朝女革命家秋瑾。

姓氏属地：中山郡，今河南省定州市。

【姓氏来源】商汤时期，有一位左相，名叫仲虺，其后人以先祖名为姓。

【本姓名人】孔子学生仲由，东汉哲学家仲长统。

姓氏属地：陈留郡，今河南省开封市。

【姓氏来源】传说尧帝出生于伊水，其后裔中有的以祖先出生地为姓。

【本姓名人】商朝名相伊尹。

姓氏属地：太原郡，今山西省太原市。

【姓氏来源】春秋时期，鲁国孟僖子的儿子韬受封于南宫，其后人以封地名为姓，并演变为“南”“宫”二姓。

【本姓名人】春秋时期虞国大夫宫之奇，东汉道家宫崇。

姓氏属地：齐郡，今山东省淄博市。

【姓氏来源】春秋时期，卫武公的儿子食采于宁，其后人以采邑名为姓。

【本姓名人】宋朝画家宁涛，近代政治家宁调元。

姓氏属地：平阳郡，今山西省临汾市。

【姓氏来源】夏朝诸侯九吾氏，曾兼九国，后为商纣王所灭。九国后人为避祸，便以故国名加人旁，为“仇”姓。

【本姓名人】明朝画家仇英（仇十洲），清朝学者仇兆鳌。

姓氏属地：西河郡，今山西省吕梁市。

【姓氏来源】春秋时期，晋国靖侯的孙子被封于栾，其后人以封地名为姓。

【本姓名人】春秋时期晋国大夫栾成，汉初名臣栾布。

姓氏属地：魏郡，今河北省临漳县。

【姓氏来源】商朝有诸侯国暴国。暴国一直沿袭到春秋时期，被郑国所吞并，其国人以故国名为姓。

【本姓名人】北齐骠骑大将军暴显，明朝名臣暴昭。

姓氏属地：渤海郡，今山东省高青县。

【姓氏来源】夏朝曾有甘国，其国人以国名为姓。

【本姓名人】战国时期秦国神童甘罗，西汉名臣甘延寿。

姓氏属地：辽西郡，今辽宁省义县。

【姓氏来源】战国时期，齐国田和篡国，将齐康公流放于海上，康公及其随从住山洞，吃野食，以钭（一种酒器）当锅。后来，随从中有人便以钭为姓。

【本姓名人】五代后汉处州刺史钭滔。

姓氏属地：南阳郡，今河南省南阳市。

【姓氏来源】 周朝有诸侯齐厉公，其后人以先祖封号为姓。

【本姓名人】 清朝学者、文学家厉鹗。

姓氏属地：江陵郡，今湖北省荆州市。

【姓氏来源】 周朝时有戎国，其国人以国名为姓。

【本姓名人】 西汉初将领戎赐，唐朝诗人戎昱。

姓氏属地：范阳郡，今河北省涿州市。

【姓氏来源】 商汤的君主有祖甲、祖乙、祖丁，他们的后人以祖先名为姓。

【本姓名人】 东晋名臣祖逖，南朝科学家祖冲之。

姓氏属地：太原郡，今山西省太原市。

【姓氏来源】 传说周朝周平王的小儿子出生时，手掌上有“武”字纹，周平王便赐其为武姓。

【本姓名人】 唐朝女皇武则天。

姓氏属地：琅邪郡，今山东省诸城市。

【姓氏来源】 春秋时期，鲁倾公的孙子在秦国任掌管符玺的官员，其后人以“符”为姓。

【本姓名人】 东汉名士符融，唐朝诗人符载。

姓氏属地：彭城郡，今江苏省徐州市。

【姓氏来源】 尧帝后裔中，曾有人受封于刘地，其后人以封邑名为姓。

【本姓名人】 汉高祖刘邦，东汉光武帝刘秀，当代无产阶级革命家刘少奇。

姓氏属地：晋阳郡，今山西省太原市。

【姓氏来源】 春秋时期齐景公的后人以先祖的谥号为姓。

【本姓名人】 战国时期楚国大夫景差。

姓氏属地：河间郡，今河北省献县。

【姓氏来源】 周宣王之子受封于詹，建立詹国，其后人以封地名为姓。

【本姓名人】 清朝铁路工程师詹天佑，当代台湾诗人詹澈。

姓氏属地：南阳郡，今河南省南阳市。

【姓氏来源】 战国时期，齐国有踈族，其后人去掉足旁，以“束”为姓。

【本姓名人】 元朝画家束宗赓，明朝良吏束清。

姓氏属地：武陵郡，今湖南省常德、溆浦一带。

【姓氏来源】 传说，黄帝的一个裔孙董父，喜欢养龙，被封为豢龙氏，其后人便以“龙”为姓。

【本姓名人】 东汉良吏龙述，清朝经学家龙启瑞。

姓氏属地：南阳郡，今河南省南阳市。

【姓氏来源】 春秋时期，楚庄王的裔孙沈诸梁受封于叶，并建立叶国，其后人以封国名为姓。

【本姓名人】 现代无产阶级革命家、军事家叶剑英，新四军军长、革命烈士叶挺，语言学家叶圣陶。

姓氏属地：雁门郡，今山西省代县。

【姓氏来源】 古代君王身边幸臣的后人以祖先受到宠幸为荣，遂以“幸”为姓。

【本姓名人】 唐代良吏幸轼，宋代名儒幸思顺。

姓氏属地：顿丘郡，今河南省清丰县。

【姓氏来源】春秋时期郑国有一位大夫，名叫司臣，其后人以先祖名为姓。

【本姓名人】宋朝名将司超，元朝名士司居敬，学者司良辅，明朝节士司玠，名医司轲。

姓氏属地：太原郡，今山西省太原市。

【姓氏来源】传说舜帝时期，有专司音乐的官员，制作《韶乐》。乐官后人以乐曲名为姓。

【本姓名人】明朝按察佥事韶护。

姓氏属地：京兆郡，今陕西省西安市。

【姓氏来源】周文王儿子封于郜，其子孙以封地名为姓。

【本姓名人】清朝学者郜坦，画家、旅行家郜琏。

姓氏属地：京兆郡，今陕西省西安市。

【姓氏来源】上古传说中的人物颛顼之孙受封于黎阳，建立黎国，后人以国名为姓。

【本姓名人】现代语言学家黎锦熙，音乐家黎锦晖。

姓氏属地：内黄郡，今河南省内黄县。

【姓氏来源】周武王封黄帝的后裔于蓟，建蓟国，国人以封国名为姓。

【本姓名人】东汉传奇人物蓟子训。

姓氏属地：雁门郡，今山西省代县。

【姓氏来源】春秋时期，宋国一位大夫曾受封于薄，其后人以封地名为姓。

【本姓名人】南朝宋书法家薄绍之，明朝兵器专家薄珏。

姓氏属地：冯翊郡，今陕西省大荔县。

【姓氏来源】春秋时期郑穆公有儿子名印段，其子孙以先祖名中“印”为姓。

【本姓名人】春秋时期郑国大夫印段，明朝良吏印宝。

姓氏属地：东平郡，今山东省东平县。

【姓氏来源】周武王封伏羲的后人于宿，建宿国，后人以国名为姓。

【本姓名人】北魏吏部尚书宿石，明朝名臣宿进。

姓氏属地：南阳郡，今河南省南阳市。

【姓氏来源】春秋时期，秦文公的儿子名公白，其子孙以祖先名为姓。

【本姓名人】唐朝诗人白居易，元朝戏曲作家白朴。

姓氏属地：河内郡，今河南省武陟县。

【姓氏来源】周武王先封自己的一个弟弟叔虞于怀，后封于晋，叔虞的一些后人便以“怀”为姓。

【本姓名人】唐朝高僧怀让、怀海，书法家怀素。

姓氏属地：河东郡，今山西省夏县。

【姓氏来源】夏朝曾封舜帝后裔于蒲州，后人以“蒲”为姓。

【本姓名人】清朝文学家蒲松龄。

姓氏属地：平卢郡，今山东省益都县。

【姓氏来源】传说尧帝曾封后稷于邰，后稷的一些子孙便以“邰”为姓。

【本姓名人】二十四孝子之一、明朝邰茂质。

姓氏属地：东莞郡，今山东省沂水县。

【姓氏来源】 周平王将小儿子精英封于枞，后建枞国，其后人以国名为姓，后去掉“木”旁，以“从”为姓。

【本姓名人】 明朝怀庆知府从龙，安陆卫指挥使良吏从贞。

姓氏属地：武昌郡，今湖北省鄂州市。

【姓氏来源】 春秋时期，晋侯光居于鄂，为鄂侯，其后人以先祖爵位名为姓。

【本姓名人】 西汉安平侯鄂千秋。

姓氏属地：武威郡，今甘肃省武威市。

【姓氏来源】 殷商时期有七族，索氏为其中一支。周武王灭商后，将索氏一族迁往鲁定居，其后人以“索”为姓。

【本姓名人】 晋朝书法家索靖，后唐右龙武将军索自通。

姓氏属地：汝南郡，今河南省平舆县。

【姓氏来源】 传说黄帝时期有掌管卜筮的官员，名巫咸，其后人以先祖官职名为姓。

【本姓名人】 唐朝开元年间十八学士之一咸冀，明初学者咸惟一。

姓氏属地：广平郡，今河北省鸡泽县。

【姓氏来源】 春秋时期，晋国大夫荀林父的孙子掌管文献典籍，其后人遂以“籍”为姓。

【本姓名人】 明朝著名孝子籍馨芳。

姓氏属地：颍川郡，今河南省禹州市。

【姓氏来源】 周武王封其弟叔颖于赖，建赖国。后来，赖国为楚灵王所灭，逃亡在外的部分贵族以故国名为姓。

【本姓名人】 清朝画家赖珍，太平天国将领赖文光。

姓氏属地：西河郡，今山西省吕梁市。

【姓氏来源】 春秋时期，楚威王儿子名公子卓，其后人以祖先名为姓。

【本姓名人】 东汉才女卓文君。

姓氏属地：中山郡，今河北省定州市。

【姓氏来源】 春秋时期，晋国大夫韩厥的支系孙子康，封于蔺地，其后人以封地名为姓。

【本姓名人】 战国时期赵国名相蔺相如。

姓氏属地：陈留郡，今河南省开封市。

【姓氏来源】 传说黄帝与蚩尤作战，蚩尤败北被杀。为绝后患，黄帝把蚩尤的族人分散到各地居住，其中，居于屠的人便以“屠”为姓。

【本姓名人】 春秋时期晋国太史屠余。

姓氏属地：安定郡，今宁夏回族自治区固原市。

【姓氏来源】 夏朝时，颛顼后裔受封于蒙双，其后人以封地名为姓。

【本姓名人】 战国时期秦国名将蒙恬。

姓氏属地：西河郡，今山西省吕梁市。

【姓氏来源】 战国时期，秦国司马公子池的后人以“池”为姓。

【本姓名人】 良吏太常寺少卿池浴德。

姓氏属地：梁郡，今河南省商丘市。

【姓氏来源】 黄帝死后，葬在陕西桥山，其守灵者以“桥”为姓，后去掉木旁，成为“乔”姓。

【本姓名人】 当代原外交部长乔冠华。

姓氏属地：始兴郡，今广东省韶关市。

【姓氏来源】 春秋时期齐国政治家管仲之孙名修，在楚国做官，封为阴大夫，其后人以先祖封号为姓。

【本姓名人】 东汉光武帝皇后阴丽华。

姓氏属地：太原郡，今山西省太原市。

【姓氏来源】 上古曾有鬱国，春秋时期吴国一大夫受封于此地，其后人以封地名为姓。

【本姓名人】 春秋时鲁国大夫鬱贡。

姓氏属地：琅邪郡，今山东省诸城市。

【姓氏来源】 春秋时期晋国有大夫名胥臣，其后人以先祖名为姓。

【本姓名人】 南宋初年名士胥作霖，明朝名臣胥必彰。

姓氏属地：太原郡，今山西省太原市。

【姓氏来源】 楚国先祖熊挚受封于夔，建夔国，国人以“熊”为姓。后来，夔国灭于楚，其国人为避祸，将熊去掉四点，成为“能”姓。

【本姓名人】 春秋时期齐国大臣能意，唐朝大将能元皓。

姓氏属地：武陵郡，今湖南省常德、溆浦一带。

【姓氏来源】 传说颛顼帝时代有才子八人，其中一位名苍舒，其后人以先祖名中“苍”为姓。

【本姓名人】 传说中汉字发明者苍颉。

姓氏属地：天水郡，今甘肃省通渭县。

【姓氏来源】 颛顼的后代曾受封于双蒙城，其后人以封地名为姓。

【本姓名人】 宋朝良吏双渐，清朝江南提督双林。

姓氏属地：吴兴郡，今浙江省湖州市。

【姓氏来源】 上古闻人氏的后代以“闻”为姓。

【本姓名人】 现代学者、诗人闻一多。

姓氏属地：天水郡，今甘肃省通渭县。

【姓氏来源】 夏朝君主启封帝喾的后裔挚于莘，其后人以封地名为姓。

【本姓名人】 明朝良吏莘野，清朝书画篆刻家莘开。

姓氏属地：冯翊郡，今陕西省大荔县。

【姓氏来源】 夏禹的后裔世居党项，曾于北宋时期建立西夏政权，有些后人以“党”为姓。

【本姓名人】 金朝翰林学士党怀英，清朝名士党湛。

姓氏属地：南阳郡，今河南省南阳市。

【姓氏来源】 黄帝的部分后裔居于翟，以“翟”为姓。

【本姓名人】 西汉宰相翟方进，晋朝名士翟汤。

姓氏属地：齐郡，今山东省淄博市。

【姓氏来源】 周朝初年，颛顼后裔受封于谭，建谭国，其后人以封国名为姓。

【本姓名人】 近代“戊戌变法”先驱、政治家谭嗣同，现代无产阶级革命家谭震林。

姓氏属地：广平郡，今河北省鸡泽县。

【姓氏来源】 孔子学生子贡的后人以先祖名为姓。

【本姓名人】 西汉名臣贡禹，南宋抗金将领贡祖文。

姓氏属地：武阳郡，今河北省大名县。

【姓氏来源】 东海崂山的原住民，汉朝初年开始与中国相通，汉王朝赐姓“劳”。

【本姓名人】 晋朝尚书劳彦远，清末学者劳乃宣。

姓氏属地：谯郡，今安徽省亳州市。

【姓氏来源】 商朝曾封炎帝后裔陵于逄，后建逄国，后人以封国名为姓。

【本姓名人】 春秋时期越国大夫逄同，陈国大夫逄滑。

姓氏属地：南阳郡，今河南省南阳市。

【姓氏来源】 传说黄帝生于寿丘，长于姬水，其部分后人以“姬”为姓。

【本姓名人】 周文王姬昌，周武王姬发，西周政治家姬旦。

姓氏属地：琅邪郡，今山东省诸城市。

【姓氏来源】 炎帝后裔曾受封于申，后建申国，其后人以封国名为姓。

【本姓名人】 春秋时期楚国名臣申包胥。

姓氏属地：京兆郡，今陕西省西安市。

【姓氏来源】 传说夏禹时期有一位大臣，名扶登氏，其后人以先祖名为姓。

【本姓名人】 汉朝学者扶少明，明朝巡抚扶克俭。

姓氏属地：河东郡，今山西省夏县。

【姓氏来源】 春秋时期郑国大夫泄寇被封于堵，其后人以封邑名为姓。

【本姓名人】 明朝兵部尚书堵允锡，清朝女画家堵霞。

姓氏属地：武陵郡，今湖南省常德、溆浦一带。

【姓氏来源】 周武王封其弟季载于冉，建冉国，其后人以国名为姓。

【本姓名人】 明朝兵科都给事中冉通，清朝经学家冉永光。

姓氏属地：西河郡，今山西省吕梁市。

【姓氏来源】 周朝大夫宰孔的后人以先祖名为姓。

【本姓名人】 孔子学生宰予，明朝著名孝子宰应文。

姓氏属地：新蔡郡，今河南省新蔡县。

【姓氏来源】 夏禹封黄帝后人于郦，后建郦国，其后人以封国名为姓。

【本姓名人】 北魏地理学家郦道元，明朝学者郦光祖。

姓氏属地：京兆郡，今陕西省西安市。

【姓氏来源】 周武王封其弟于雍，世称雍伯，其后人以封地名为姓。

【本姓名人】 宋朝隐士雍存，明朝监察御史雍焯。

姓氏属地：济阴郡，今山东省定陶县。

【姓氏来源】 春秋时期，晋国公族子弟叔虎因战功，被封于郤，其后人以先祖封地名为姓。

【本姓名人】 晋朝雍州刺史郤诜，明朝临漳知县郤忠。

姓氏属地：豫章郡，今江西省南昌市。

【姓氏来源】 璩是一种玉制成的耳环，一般认为最先制作这种耳环的人为璩姓的祖先。

【本姓名人】 明朝书法家璩光岳，广东道御史璩伯昆。

姓氏属地：黎阳郡，今河南省浚县。

【姓氏来源】 春秋时期秦国大夫公孙枝，字子桑，其后人以先祖字为姓。

【本姓名人】 晋朝学者桑钦，清朝工部主事桑调元。

姓氏属地：天水郡，今甘肃省通渭县。

【姓氏来源】秦始皇焚书坑儒时，博士姬季桢遇难，其弟姬季珪为避祸，以自己名字中“珪”的同音字“桂”作为自己的姓氏。

【本姓名人】清朝书法家、湖南按察使桂中行。

姓氏属地：鲁郡，今山东省曲阜市。

【姓氏来源】舜帝的后裔受封于濮，其后人以封邑名为姓。

【本姓名人】明朝名将濮英，清朝名士濮仲谦。

姓氏属地：陇西郡，今甘肃省临洮县。

【姓氏来源】商汤后裔宋微子的裔孙名牛父，其后人以先祖名为姓。

【本姓名人】唐朝大臣牛僧孺。

姓氏属地：京兆郡，今陕西省西安市。

【姓氏来源】春秋时期有吴王寿梦，其子孙以先祖名为姓。

【本姓名人】西晋学者寿良，元朝诗僧寿宁。

姓氏属地：西河郡，今山西省吕梁市。

【姓氏来源】春秋时期，巴国后裔受封于通，其后人以封邑名为姓。

【本姓名人】元代高僧通辨，明朝诗僧通润。

姓氏属地：陇西郡，今甘肃省临洮县。

【姓氏来源】商朝时有边国，其后人以国名为姓。

【本姓名人】东汉学者边诏，唐朝画家边鸾。

姓氏属地：京兆郡，今陕西省西安市。

【姓氏来源】夏朝时有扈国，其后人以国名为姓。

【本姓名人】宋朝史学家、文学家扈蒙，抗金名将扈再兴。

姓氏属地：范阳郡，今河北省涿州市。

【姓氏来源】 西周初年，周武王封召公奭于燕，其后人以封地名为姓。

【本姓名人】 隋朝大将军燕荣，宋朝计量发明家燕肃。

姓氏属地：渤海郡，今山东省高青县。

【姓氏来源】 春秋时期晋国大夫郤芮之子受封于冀，其后人以封邑名为姓。

【本姓名人】 北周名臣、书法家冀俊，金代诗人冀禹锡。

姓氏属地：武陵郡，今湖南省常德、溆浦一带。

【姓氏来源】 周文王曾定都于郏鄏，其后裔有的以国都名为姓。

【本姓名人】 宋朝水利专家郏亶，清朝画家郏抡逵。

姓氏属地：京兆郡，今陕西省西安市。

【姓氏来源】 春秋时期晋国大夫浦跞之后以先祖名为姓。

【本姓名人】 明朝学者浦南金，诗人浦源，藏书家浦杲。

姓氏属地：上党郡，今山西省长治市。

【姓氏来源】 姜尚辅佐周武王灭商，开国后受封于齐，其后人以先祖名为姓。

【本姓名人】 唐朝尚书右仆射尚可孤，宋朝副指挥使尚祚。

姓氏属地：雁门郡，今山西省代县。

【姓氏来源】 神农氏后裔在西周时被封为农正，掌管农业，其后人以先祖官职名为姓。

【本姓名人】 因姓氏罕见，史书中未见记载。

姓氏属地：平原郡，今山东省平原县。

【姓氏来源】 周朝时，周武王之弟叔虞之后受封于温，建温国，其后人以封邑名为姓。

【本姓名人】 唐朝词人温庭筠。

姓氏属地：京兆郡，今陕西省西安市。

【姓氏来源】 古代诸侯和卿大夫长子，世为宗子；宗子的次子，世为小宗。小宗的次子为别子。古代宗法制度规定别子不能姓祖父的姓。于是，有的人即以别为姓。

【本姓名人】 元朝昭武大将军别的因。

姓氏属地：天水郡，今甘肃省通渭县。

【姓氏来源】 楚庄王的子孙以先祖谥号为姓。

【本姓名人】 战国时期思想家庄周。

姓氏属地：齐郡，今山东省淄博市。

【姓氏来源】 远古部落首领祝融氏的后裔陆终第五子名晏安，其后人以先祖名为姓。

【本姓名人】 宋朝词人晏殊、晏幾道。

姓氏属地：平阳郡，今山西省临汾市。

【姓氏来源】 春秋时期齐国公族的后裔中，有一人叫高柴，高柴的孙子以祖父名为姓，叫柴举，遂开柴姓先河。

【本姓名人】 唐朝霍国公柴绍，五代后周世宗柴荣。

姓氏属地：松阳郡，今浙江省松阳县。

【姓氏来源】 商朝一位大夫受封于瞿，人称瞿父，其后人以先祖名为姓。

【本姓名人】 现代无产阶级革命家瞿秋白。

姓氏属地：太原郡，今山西省太原市。

【姓氏来源】 西周初年，周武王封太伯的曾孙于阎乡，其后人以封邑名为姓。

【本姓名人】 近代山西军阀、曾任国民政府行政院长阎锡山。

姓氏属地：太原郡，今山西省太原市。

【姓氏来源】 周朝设充人官职，负责饲养祭祀用的牲畜，其后人以先祖官职名为姓。

【本姓名人】 战国时期秦朝方士充尚，汉朝名士充向。

姓氏属地：敦煌郡，今甘肃省敦煌市。

【姓氏来源】 帝喾的后裔中有一族名为慕容氏，其中有的后人以“慕”为姓。

【本姓名人】 元朝刑部侍郎慕完，清朝江苏巡抚慕天颜。

姓氏属地：上党郡，今山西省长治市。

【姓氏来源】 春秋时期齐国公族大夫连称的后人以先祖名为姓。

【本姓名人】 明朝江南布政使连均，副都御使连标，按察副使连镛。

姓氏属地：河内郡，今河南省武陟县。

【姓氏来源】 如姓之后人加草头成为茹姓。

【本姓名人】 明朝画家茹洪，长沙知府茹连，清朝学者茹菜。

姓氏属地：东阳郡，今浙江省金华市。

【姓氏来源】 上古时曾有习国，亡国后，国人以故国名为姓。

【本姓名人】 晋朝学者习凿齿，明朝詹事府詹事习经。

姓氏属地：东阳郡，今浙江省金华市。

【姓氏来源】 古代有些仕宦（即做官）的人以“宦”为姓。

【本姓名人】 明朝永乐进士宦绩。

姓氏属地：天水郡，今甘肃省通渭县。

【姓氏来源】 夏朝君主少康臣子女艾的后人以先祖名为姓。

【本姓名人】 清朝刑部尚书艾元征，画家艾显，当代诗人艾青。

姓氏属地：雁门郡，今山西省代县。

【姓氏来源】 春秋时期宋国公子子鱼的后代以先祖名为姓。

【本姓名人】 唐朝女诗人鱼玄机，北宋初年兵部侍郎鱼崇谅。

姓氏属地：敦煌郡，今甘肃省敦煌市。

【姓氏来源】 传说黄帝有两个大臣，一名容援，他制作了大钟；一名容成，他创作了乐曲。他们的后人以先祖名为姓。

【本姓名人】 当代中国第一位乒乓球世界冠军容国团。

姓氏属地：河南郡，今河南省洛阳市。

【姓氏来源】 春秋时期宋桓公的后人曾食采于向，其子孙以先祖采邑名为姓。

【本姓名人】 现代革命烈士向警予、向秀丽。

姓氏属地：新安郡，今河南省渑池县。

【姓氏来源】 上古周族领袖名古公亶父，其后人以先祖名为姓。

【本姓名人】 战国时期隐士古桑，北魏吏部尚书古弼。

姓氏属地：太原郡，今山西省太原市。

【姓氏来源】 易姓出自姜姓，以易为氏。

【本姓名人】 宋朝画家易元吉，法学家易延庆。

姓氏属地：天水郡，今甘肃省通渭县。

【姓氏来源】 春秋时期鲁国白公胜的后人曾受封于慎，其子孙以封地名为姓。

【本姓名人】 宋朝名臣慎钺，画家慎东美，明朝监察御史慎蒙。

姓氏属地：临海郡，今浙江省临海市。

【姓氏来源】 传说夏朝寒浞杀害后羿后，自己当上国君，并封儿子于戈，后人以封地名为姓。

【本姓名人】 清朝诗人戈涛，当代翻译家戈宝权。

姓氏属地：汝南郡，今河南省平舆县。

【姓氏来源】 商朝曾将黄帝后裔叔安封于廖，其后人以封地名为姓。

【本姓名人】 民国民主革命家、政治家廖仲恺，当代外交家、社会活动家、原全国人大常委会副委员长廖承志。

姓氏属地：济阳郡，今河南省兰考县。

【姓氏来源】 周朝设有管理仓库的官员，官名庾廪，其后人以先祖官职名为姓。

【本姓名人】 汉朝名士庾乘，东晋中书令庾亮。

姓氏属地：南阳郡，今河南省南阳市。

【姓氏来源】 颛顼裔孙陆终之后以先祖名字中的“终”为姓。

【本姓名人】 汉朝谏大夫终军，明朝鸿胪寺主簿终其功。

姓氏属地：渤海郡，山东省高青县。

【姓氏来源】 春秋时期，有越国大夫受封于诸暨，其后人以封地名为姓，有的姓诸，有的姓暨。

【本姓名人】 三国时期吴国尚书暨艳，宋朝奉议郎暨陶。

姓氏属地：渤海郡，今山东省高青县。

【姓氏来源】 春秋时期晋国有公族大夫先且居，其后人以先祖名为姓。

【本姓名人】 明朝名儒居仁，书画家居节，清朝画家居廉。

姓氏属地：雁门郡，今山西省代县。

【姓氏来源】 商朝名臣伊尹，因辅佐商汤有功，获尊号，名为“阿衡”（国家依靠之意），其后人有的以先祖尊号为姓。

【本姓名人】 汉朝讲学大夫衡咸。

姓氏属地：平阳郡，今山西省临汾市。

【姓氏来源】 春秋时期晋国大夫郤豹之孙郤扬受封于步，其后人以封地名为姓。

【本姓名人】 三国时期吴国骠骑将军、丞相步骘。

姓氏属地：黎阳郡，今河南省浚县。

【姓氏来源】 春秋时期郑国公族大夫公孙子都之后以先祖名字中的“都”为姓。

【本姓名人】 宋朝学者都郁，明朝兵部尚书都杰，学者都穆。

姓氏属地：高阳郡，今河北省高阳县。

【姓氏来源】 周朝时曾有耿国，后灭于晋，其国人以故国名为姓。

【本姓名人】 五代南唐女词人耿玉真，清朝靖南王耿仲明、耿精忠。

姓氏属地：河东郡，今山西省夏县。

【姓氏来源】 舜帝有后裔胡公满，其后人有的以先祖名为姓。

【本姓名人】 西晋尚书令满奋，明朝良吏浙江布政使满福周。

姓氏属地：太原郡，今山西省太原市。

【姓氏来源】 春秋时期卫国有一位公族大夫，名弘演，其后人以先祖名为姓。

【本姓名人】 西汉中书令弘恭，唐朝高僧弘忍。

姓氏属地：晋阳郡，今山西省太原市。

【姓氏来源】 春秋时期，宋国大夫受封于匡地，其后人以封邑名为姓。

【本姓名人】 明朝名臣匡翼之，名将匡福，名医匡愚，诗人匡如桐。

姓氏属地：下邳郡，今江苏省睢宁县。

【姓氏来源】 春秋时期郑国国君郑穆公之子公子发，字子国，子国的后人有的以先祖名为姓。

【本姓名人】 西汉祭酒国由，三国时期魏国太仆国渊。

姓氏属地：雁门郡，今山西省代县。

【姓氏来源】 周文王封炎帝后裔于许，世称许文叔，其后人有的便以“文”为姓。

【本姓名人】 春秋时期越国名臣文种，南宋抗元名将文天祥。

姓氏属地：上谷郡，今河北省怀来县。

【姓氏来源】 昆吾之后封于苏地，其后人苏公忿生仕周，任司寇一职，忿的子孙以先祖官名为姓。

【本姓名人】 北宋名臣寇准，明朝左都御史寇深。

姓氏属地：丹阳郡，今安徽省宣城市。

【姓氏来源】 传说黄帝时代有一位隐士，名广成子，其后人有的以“广”为姓。

【本姓名人】 唐朝高僧广宣，明朝名僧广印。

姓氏属地：扶风郡，今陕西省兴平市。

【姓氏来源】 商朝国君商纣王之子名武庚，字禄父。武庚在周武王时曾受封，后来发动叛乱，兵败被杀。其后人以先祖名为姓。

【本姓名人】 清朝云南女英雄、陇庆侯母禄氏。

姓氏属地：下邳郡，今江苏省睢宁县。

【姓氏来源】 春秋时期鲁国有阙党邑，封于此地的人以封邑名为姓。

【本姓名人】 明朝平凉知府阙清，清朝画家阙岚。

姓氏属地：平原郡，今山东省平原县。

【姓氏来源】 传说舜帝的朋友中，有一位叫东不訾的，其后人以先祖名字中的“东”为姓。

【本姓名人】 后汉神射手东明，明朝应天巡按东郊。

姓氏属地：平阳郡，今山东省临汾市。

【姓氏来源】 春秋时期，越国有一位著名的铸剑匠人，叫欧冶子，其后人以先祖名字中的“欧”为姓。

【本姓名人】 明朝广西总兵欧信，工部郎中欧大聪。

姓氏属地：武功郡，今陕西省扶风县。

【姓氏来源】 传说舜帝手下有一位大臣，名叫殳斨，其后人以先祖名为姓。

【本姓名人】 清朝女画家殳默。

姓氏属地：太原郡，今山西省太原市。

【姓氏来源】 商朝君主沃丁之后人以先祖名为姓。

【本姓名人】 清朝盛京将军沃内，杭州副都统沃申。

姓氏属地：河南郡，今河南省洛阳市。

【姓氏来源】春秋时期，楚国公子曾食采于利，其后人便以采邑名为姓。

【本姓名人】诗人利登，明朝良吏利本坚。

姓氏属地：琅邪郡，今山东省诸城市。

【姓氏来源】周宣王时，郑国公子翩受封于蔚，其后人以封地名为姓。

【本姓名人】明朝礼部右侍郎蔚能，兵部给事中蔚春。

姓氏属地：晋阳郡，今山西省太原市。

【姓氏来源】夏朝君主少康的小儿子的后人受封于越，其子孙以封国名为姓。

【本姓名人】明朝工诗文而又善骑射的河南巡抚越其杰。

姓氏属地：京兆郡，今陕西省西安市。

【姓氏来源】上古楚族首领熊挚的后人受封于夔，其子孙以封地名为姓。

【本姓名人】南北朝时官吏夔安。

姓氏属地：南阳郡，今河南省南阳市。

【姓氏来源】春秋时期，鲁国有一地名隆邑，当地居民便以地名为姓。

【本姓名人】明朝良吏隆英。

姓氏属地：太原郡，今山西省太原市。

【姓氏来源】周朝师尹的子孙以先祖名为姓。

【本姓名人】明朝吏部尚书师逵，清朝甘肃提督师懿德。

姓氏属地：山阳郡，今山东省金乡县。

【姓氏来源】周朝一位公族大夫受封于巩，为巩伯，其后人以封邑名为姓。

【本姓名人】 汉朝侍中巩攸，当代作曲家巩志伟。

姓氏属地：河南郡，今河南省洛阳市。

【姓氏来源】 在古代，厍和库同义。古代守库大夫即看守仓库的官员，其后人以祖先的官职为姓。

【本姓名人】 东汉金城太守厍钧，清朝淮安漕厍礼。

姓氏属地：河东郡，今山西省夏县。

【姓氏来源】 春秋时期，齐国国君齐丁公封其支子于聂城，为齐附庸国，该国国人以封国名为姓。

【本姓名人】 清朝直隶提督聂士成，现代人民音乐家聂耳。

姓氏属地：京兆郡，今陕西省西安市。

【姓氏来源】 春秋时期，周景王死后，朝廷发生一场王位争夺战，景王儿子朝失败，出逃至楚国，其后人以先祖名为姓。后改成晁姓。

【本姓名人】 西汉政治家晁错，宋朝诗人晁补之。

姓氏属地：平阳郡，今山西省临汾市。

【姓氏来源】 远古曾有勾芒氏，其后裔以先祖名为姓。

【本姓名人】 春秋时期越王勾践。

姓氏属地：谯郡，今安徽省亳州市。

【姓氏来源】 传说颛顼有一位老师，名叫太敖，其后人以祖先名为姓。

【本姓名人】 清朝贵州提督敖成。

姓氏属地：南康郡，今江西省赣州市。

【姓氏来源】 传说远古时期有一位火神，名祝融氏，其后人有的以

"祝"为姓，有的以"融"为姓。

【本姓名人】唐朝诗僧融公。

姓氏属地：京兆郡，今陕西省西安市。

【姓氏来源】传说黄帝手下有一位大臣，名伶冷，其后人以先祖名为姓。

【本姓名人】明朝御史冷曦，良吏冷麟，音乐家冷谦，清朝画家冷枚。

姓氏属地：渤海郡，今山东省高青县。

【姓氏来源】传说上古时期有訾陬氏，其后人有的以"訾"为姓。

【本姓名人】元朝名士訾汝道。

姓氏属地：陇西郡，今甘肃省临洮县。

【姓氏来源】夏朝君主夏启封支子于莘，古代"莘"与"辛"音近，后人便以"辛"为姓。

【本姓名人】南宋词人辛弃疾。

姓氏属地：天水郡，今甘肃省通渭县。

【姓氏来源】春秋时期南燕伯后裔受封于阚，其后人以封邑名为姓。

【本姓名人】唐朝越州都督阚稜，元朝万户府知事阚文兴。

姓氏属地：天水郡，今甘肃省通渭县。

【姓氏来源】春秋时期，楚灭权国，并将权国居民迁至那地，后人遂以地名为姓。

【本姓名人】明朝知府那嵩，清朝直隶总督那彦成。

姓氏属地：范阳郡，今河北省涿州市。

【姓氏来源】春秋时期晋国大夫狐鞠居受封于续，谥号简，世称续简伯，其后人以先祖谥号为姓。

【本姓名人】清朝学者简朝亮，衢州镇总兵简敬临。

姓氏属地：平阳郡，今山西省临汾市。

【姓氏来源】春秋时期，齐国有一位大夫食采于饶，其后人以采邑名为姓。

【本姓名人】明朝廉吏饶应龙，清朝学者饶智元、饶一辛。

姓氏属地：营丘郡，今辽宁省朝阳市。

【姓氏来源】远古空侯氏后裔以先祖名为姓。

【本姓名人】因姓氏罕见，史书中未见记载。

姓氏属地：鲁郡，今山东省曲阜市。

【姓氏来源】夏朝君主少康封小儿子成烈于鄫，后建鄫国。鄫国在春秋时期为宋所灭，鄫国后人去掉邑旁，以“曾”为姓。

【本姓名人】唐朝散文家曾巩，南宋诗人曾幾，晚清政治家、军事家曾国藩。

姓氏属地：巨鹿郡，今河北省平乡县。

【姓氏来源】春秋时期，齐宣王封其弟于毋丘，赐姓胡毋氏。其后分三姓，一曰胡毋，一曰毋丘，一曰毋氏。

【本姓名人】明朝文学家毋思义，御史毋恩，给事中毋祥。

姓氏属地：汝南郡，今河南省平舆县。

【姓氏来源】传说神农氏时代有一位大臣，名叫夙沙氏。夙沙氏的后裔以先祖名字中的“沙”为姓。

【本姓名人】清朝书法家沙张白，画家沙馥。

姓氏属地：晋昌郡，今陕西省石泉县。

【姓氏来源】后周君主赐部族费乜头以乜姓。

【本姓名人】因姓氏罕见，史书中未见记载。

姓氏属地：山阳郡，今山东省巨野县。

【姓氏来源】春秋时期，吴国两位公子因国家发生变故逃往楚国，楚国君主将他们安置在养地，其后人以居住地名为姓。

【本姓名人】春秋时期楚国神射手养由基，东汉名儒养奋。

姓氏属地：汝南郡，今河南省平舆县。

【姓氏来源】战国时期燕国公族大夫鞠武的后人以先祖名为姓。

【本姓名人】宋朝殿中侍御史鞠泳，清朝学者鞠履厚。

姓氏属地：渤海郡，今山东省高青县。

【姓氏来源】春秋时期有须句国，为燕的附庸国，其公族为须句氏，后一部分国人以“须”为姓。

【本姓名人】明朝礼部仪制司郎中须之彦，良吏须用纶。

姓氏属地：松阳郡，今浙江省松阳县。

【姓氏来源】周武王封其弟于酆，其后人去掉邑旁，以“丰”为姓。

【本姓名人】现代作家、画家丰子恺。

姓氏属地：彭城郡，今江苏省徐州市。

【姓氏来源】大禹封有巢氏后人于巢，建巢国，后巢为楚所灭，国人以故国名为姓。

【本姓名人】明朝诸生巢帝阁，明末高士、孝子巢鸣盛。

姓氏属地：陇西郡，今甘肃省临洮县。

【姓氏来源】夏朝大臣龙逄受封于关地，其后人以先祖封地名为姓。

【本姓名人】 三国时期蜀汉名将关羽，清朝名将关天培。

姓氏属地：襄阳郡，今湖北省襄樊市。

【姓氏来源】 春秋时期卫国国君卫庄公蒯聩的子孙以祖先名为姓。

【本姓名人】 西汉初年刘邦手下谋士蒯彻。

姓氏属地：巴郡，今重庆市。

【姓氏来源】 夏朝有帝相，其支庶子孙以先祖名为姓。

【本姓名人】 明朝画家相礼，清朝名僧、诗人相润。

姓氏属地：齐郡，今山东省淄博市。

【姓氏来源】 春秋时期齐顷公的儿子食采于樝，樝，古查字。其后人以先祖采邑名为姓。

【本姓名人】 五代南唐工部尚书查文徽。

姓氏属地：东海郡，今山东省郯城县。

【姓氏来源】 春秋时期，齐国太史敫的女儿是齐襄王后。后来君王赐王后一族以“后”姓。

【本姓名人】 汉朝经学家后苍，明朝岷州守官后能。

姓氏属地：广陵郡，今江苏省扬州市。

【姓氏来源】 西周初年，楚部族首领熊铎受封于荆，建荆国，即后来楚国的前身，其后世子孙有的以“荆”为姓。

【本姓名人】 战国时期齐国侠士荆轲。

姓氏属地：平昌郡，今山东省安丘市。

【姓氏来源】 楚部族首领熊渠的长子熊挚红曾封为鄂王，其支子以父字为姓。

【本姓名人】 明朝郧西县丞红尚朱，明末农民军将领红军友。

姓氏属地：广平郡，今河北省鸡泽县。

【姓氏来源】 春秋时期郑穆公儿子游吉的后人以先祖名为姓。

【本姓名人】 清朝诗人、画家游士凤，书画家游旭。

姓氏属地：东海郡，今山东省郯城县。

【姓氏来源】 古代中国称印度为天竺国，天竺僧人来中国传教，有的以其国名中的“竺”为姓。

【本姓名人】 明朝福建参议竺渊，现代科学家、教育家竺可桢。

姓氏属地：天水郡，今甘肃省通渭县。

【姓氏来源】 春秋时期，颛顼帝的后裔被封于权，建权国。权国后来灭于楚，其国人以故国名为姓。

【本姓名人】 北周荆州刺史权景宜，明朝名将权安，学者权衡。

姓氏属地：广平郡，今河北省鸡泽县。

【姓氏来源】 春秋时期，秦国公族大夫受封于逯，其后人以封邑名为姓。

【本姓名人】 明朝给事中逯中立，员外郎逯端，名士逯宏。

姓氏属地：汝南郡，今河南省平舆县。

【姓氏来源】 春秋时期，齐国一位大夫受封于盖，其后人以先祖封邑名为姓。

【本姓名人】 五代后唐太傅盖寓，明朝能吏盖霖。

姓氏属地：冯翊郡，今陕西省大荔县。

【姓氏来源】 舜帝大臣皋陶儿子名伯益，伯益支子以先祖名为姓。

【本姓名人】 南宋绍兴进士益畅，元朝怀远大将军益智。

姓氏属地：谯郡，今安徽省亳州市。

【姓氏来源】 春秋时期宋桓公之后以先祖谥号为姓。

【本姓名人】 唐朝宰相桓彦范。

姓氏属地：括苍郡，今浙江省丽水市。

【姓氏来源】 古代有一些复姓，如公西、公孙、公冶。这些复姓的后人有的改单姓为“公”。

【本姓名人】 汉朝主爵都尉公俭。

姓氏属地：兰陵郡，今山东省枣庄市。

【姓氏来源】 古代鲜卑族有万俟部族，拓跋珪建立北魏后，献文帝赐其兄的后人姓万俟。

【本姓名人】 宋朝奸相万俟卨，诗人万俟咏。

姓氏属地：河内郡，今河南省武陟县。

【姓氏来源】 周朝程伯休父为司马，掌管军政和军赋，其后人以先祖官职名为姓。

【本姓名人】 西汉史学家司马迁，北宋史学家司马光。

姓氏属地：天水郡，今甘肃省通渭县。

【姓氏来源】 楚庄王之子子兰，曾任上官大夫，其后人以先祖官职名为姓。

【本姓名人】 唐朝诗人上官仪，才女上官婉儿。

姓氏属地：渤海郡，今山东省高青县。

【姓氏来源】 战国时期，楚灭越国，楚王封越王无疆之孙于乌程欧余山之南，古代称山的南面为“阳”，其后人遂将封地名和所处位置结合起来，成为“欧阳”姓氏。

【本姓名人】 唐朝书法家欧阳询，宋朝文学家欧阳修。

姓氏属地：谯郡，今安徽省亳州市。

【姓氏来源】 春秋时期，楚灭杞国，杞国国君之弟佗逃至鲁国，封侯。因其为夏禹的后裔，故称夏侯，后世子孙遂以此为姓。

【本姓名人】 晋朝文学家夏侯湛，画家夏侯瞻，宋朝辞赋家夏侯嘉正。

姓氏属地：琅邪郡，今山东省诸城市。

【姓氏来源】 上古时期，曾有诸侯国，名葛。后来，一支葛国人迁往诸城定居，其后人将原国名与现居住地名结合，形成“诸葛”姓氏。

【本姓名人】 三国时期蜀汉政治家、军事家诸葛亮。

姓氏属地：河南郡，今河南省洛阳市。

【姓氏来源】 春秋时期，鲁国有一位很有学问的人，名叫少正卯，其观点与同时代的孔子截然对立，因此成为极有名气的人，被称为“闻人”。后来，孔子当上鲁国司寇，找个罪名将少正卯处死。少正卯的后人便以先祖声望“闻人”作为姓氏。

【本姓名人】 元朝经学家闻人梦吉，明朝画家闻人益，良吏闻人铨。

姓氏属地：济南郡，今山东省济南市。

【姓氏来源】 远古太昊氏裔孙，名羲仲，执掌东方青阳之令，其后人以先祖官职名为姓。

【本姓名人】 西汉文学家东方朔，唐朝诗人东方虬。

姓氏属地：渤海郡，今山东省高青县。

【姓氏来源】 南匈奴单于之后于东晋建国，都城统万，称大夏天王，自制姓为赫连氏，其意为“王者辉赫，与天相连”。

【本姓名人】 北周大将军赫连达，北齐郑州刺史赫连子悦。

姓氏属地：京兆郡，今陕西省西安市。

【姓氏来源】 西周时期，诸侯宋戴公之子充岳，字皇父，其子孙以先祖字为姓（古代“父”“甫”二字同音通用）。

【本姓名人】 东汉度辽将军皇甫规，冀州牧皇甫嵩。

姓氏属地：太原郡，今山西省太原市。

【姓氏来源】 前秦时期，苻坚灭鲜卑拓跋部，建代国。后来，拓跋珪复国，改国号为魏，即北魏。当时，与北魏同时兴起的还有鲜卑尉迟部。尉迟部随北魏孝文帝进入中原后，由孝文帝将其族名赐为姓。

【本姓名人】 唐初名将尉迟恭。

姓氏属地：顿丘郡，今河南省清丰县。

【姓氏来源】 春秋时期，鲁国有人名公孙羊孺，其孙在祖父名中取“公”“羊”二字，合为一姓氏。

【本姓名人】 西汉史学家公羊高的玄孙公羊寿。

姓氏属地：太原郡，今山西省太原市。

【姓氏来源】 春秋时期，孔子学生灭明居住在澹台，其后人以先祖居住地为姓。

【本姓名人】 后汉诗人澹台敬伯。

姓氏属地：鲁郡，今山东省曲阜市。

【姓氏来源】 春秋时期，鲁国有一位大夫，名季公冶，其后人以先祖字为姓。

【本姓名人】 春秋时期孔子学生公冶长。

姓氏属地：彭城郡，今江苏省徐州市。

【姓氏来源】汉高祖刘邦的裔孙刘德曾任掌管皇族事务的宗政一职，其后人以先祖官职名为姓。

【本姓名人】北魏安西将军、光禄大夫宗政珍孙。

姓氏属地：博陵郡，今河北省安平县。

【姓氏来源】春秋时期，郑国有一位公族大夫居住在濮水之阳（即水的北面），其后人以先祖居住地名为姓。

【本姓名人】三国东吴大臣濮阳兴，明朝武德将军濮阳成。

姓氏属地：河内郡，今河南省武陟县。

【姓氏来源】西周初年，周武王封古斟灌国后裔于州国，后州国灭于杞，州国公族迁往淳于居住，复国后称淳于国。其后人以国名为姓。

【本姓名人】战国时期齐国学者淳于髡。

姓氏属地：千乘郡，今山东省高青县。

【姓氏来源】单于曾是古代匈奴族最高统治者的称号，相当于汉民族中的“天子”。汉代以后，匈奴部族逐渐衰弱，大部分人逐渐融入其他民族，有的便以先祖王位名“单于”为姓。

【本姓名人】因姓氏罕见，史书中未见记载。

姓氏属地：东平郡，今山东省东平县。

【姓氏来源】春秋时期郑庄公的弟弟段受封于京，人称京城太叔。段的后人以祖先称号名为姓。

【本姓名人】春秋时卫国官员太叔仪。

姓氏属地：京兆郡，今陕西省西安市。

【姓氏来源】西周末年，申侯联合犬戎部族杀死周幽王，拥立太子宜臼，是为周平王。周平王封申侯的儿子于屠，后人便以“申屠”为姓。

【本姓名人】西汉丞相申屠嘉，东汉尚书令申屠刚。

姓氏属地：高阳郡，今河北省高阳市。

【姓氏来源】 春秋时期，诸侯之子为公子，公子之子为公孙，公孙之子如无封邑爵号的，均以“公孙”为姓氏。

【本姓名人】 春秋时期政治家、改革家公孙鞅。

姓氏属地：高阳郡，今河北省高阳市。

【姓氏来源】 春秋时期鲁国桓公之子名庆父，字共仲，称为孟孙氏，其后人以先祖名为姓，这就有了仲姓，也有的人将“仲”“孙”二字合在一起，成为仲孙姓。

【本姓名人】 春秋时期鲁国大夫仲孙蔑，齐国大臣仲孙湫。

姓氏属地：郃阳县，今陕西省合阳县。

【姓氏来源】 黄帝号为轩辕氏，其后人有的以先祖号为姓。

【本姓名人】 唐朝道士轩辕集。

姓氏属地：太原郡，今山西省太原市。

【姓氏来源】 春秋时期，周文王之曾孙毕万在晋国为官。毕万的曾孙魏颗是一员猛将，因屡建战功而受封于令狐邑，其后人便以先祖封邑名为姓。

【本姓名人】 北周大将军令狐整，唐朝名臣令狐楚、令狐绪，文史学家令狐德棻，史学家令狐德，明朝经学家令狐璁。

姓氏属地：会稽郡，今江苏省苏州市。

【姓氏来源】 春秋时期楚国大夫伯宛受封于钟离，其后人以先祖封邑名为姓。

【本姓名人】 唐朝道士钟离权（即民间传说中八仙之一汉钟离）。

姓氏属地：太原郡，今山西省太原市。

【姓氏来源】 魏晋时期，鲜卑首领葛乌菟狩猎时，在河中得玉玺。鲜卑人称天为宇，将此事称为天赐文玺，于是号称“宇文氏”。

【本姓名人】 隋朝工部尚书宇文恺，金朝文学家宇文虚中。

姓氏属地：济阳郡，今河南省兰考县。

【姓氏来源】 拓跋珪建立北魏后，赐其曾祖父长子沙漠雄的儿子嵩为长孙氏，于是便有了“长孙”一姓。

【本姓名人】 唐朝唐太宗妻长孙皇后，太尉长孙无忌。

姓氏属地：敦煌郡，今甘肃省敦煌市。

【姓氏来源】 鲜卑单于沙归自称慕容氏，其意为“慕二仪之德，继三光之容”。

【本姓名人】 宋朝检校太尉慕容延钊。

姓氏属地：赵郡，今云南省凤仪县。

【姓氏来源】 夏商周三朝均设司徒一职，相当于后世的宰相，担任过此职的官员的后裔有的便以先祖官职名为姓。

【本姓名人】 唐朝太常卿司徒映，五代礼部侍郎司徒翊。

姓氏属地：顿丘郡，今河南省清丰县。

【姓氏来源】 传说帝少昊曾设司空一职，专司水利土木工程，其后人以先祖官职名为姓。

【本姓名人】 唐朝诗人司空曙，唐末诗评家司空图。

文化解读

寻根“路线图”：家谱

家谱又称族谱、家乘、宗谱、公谱、祖谱、谱书、家牒、族牒等。它是一种以表谱形式，记载一个以血缘关系为主体的家族世系繁衍和重要人物事迹的特殊图书体裁。

家谱是中国特有的文化遗产，是中华民族的三大文献（国史、地志、族谱）之一，属珍贵的人文资料，对于历史学、民俗学、人口学、社会学和经济学的深入研究，均有其不可替代的独特功能。

关于家谱的起源，虽然目前学术界众说纷纭，但从出土的甲骨文、金文、碑文等中国早期文字及史类文献对家谱起源的考证来看，家谱的起源至少可以追溯到先秦时代。周代已有史官修谱制度并撰有《世本·帝系篇》。尽管先秦《世本》早已亡佚，今本《世本》是清人所辑，但从辑有的篇目可见，《世本》汇集了中国自黄帝到春秋各代天子、诸侯、卿大夫的世族谱系，是一部对前代和当代各血缘集团系谱进行综合、总结的全国性的总谱。

家谱的形式有多种。在文字家谱出现之前就有口授家谱和结绳家谱，后来，有用图表裱制垂挂于中堂的，也有装订成册供家人翻阅的。历史上，官宦人家一般都是采用装订成册的家谱。而平民百姓、经商士绅、豪门则多为悬挂供后人供奉的图表式家谱。

上古时期的家谱仅为君王诸侯和贵族所独有，家谱的作用仅为血统的证明，是为袭爵和继承财产服务的，其内容也比较单一，只有世系的说明。魏晋以后，选官、婚姻以至社会交往都要看门第，这样一来，家谱在政治生活、经济生活和社会生活中的作用就大大增强，家谱的内容也比以往有所增加。到了宋代，官方修谱的传统禁例被打破，民间编撰家谱的风气更加兴盛，这时的家谱在政治生活中基本上不再发挥作用，其作用转移到尊祖、敬宗、睦族上。

家谱经常被反复修撰，每次修谱，也就成了同姓同族人之间的大事。修谱的动机是“溯渊源，分疏戚，序尊卑”。许多家族把编纂家谱作为后代子孙的一项义务写进族规，重修家谱年限不等。到了明清两代，家谱修撰的结构已基本定型，流传到现在的家谱也极为丰富。

家谱的内容主要包括三部分：第一部分是世系图，即某人的世系所承，属于何代、其父何人；第二部分是家谱正文，是按世系图中所列各人的先后次序编订的，分别介绍各人的字号、父讳、行次、时代、职官、封爵、姻配、卒日、享年、谥号等。这些介绍性的文字，长者五十余字，短者仅二三字，实际是人物小传；第三部分为附录。

家谱的核心内容是记载家族的世系源流、血缘系统，以防血缘关系紊乱而导致家族瓦解。为达到显示血统的目的，各地族谱均有认中国先朝名人为远祖的习俗，这种附会的谱风，虽能使其家族倍增光彩，但往往导致家史失真和对后代误导。比如有些李氏宗谱，认先祖为道教创始人李耳，直系为“出陇西，为唐高祖李渊公之苗裔”；有些郭姓宗谱，则认始祖为周文王之弟“虢叔”（“虢”与“郭”音近），并由虢叔是黄帝的二十七世裔孙，郭子仪是虢叔的第六十世孙、黄帝的八十七世裔孙，而推论自己的宗族嫡出于中唐名将郭子仪。这些记载，易使族人深信不疑。其他的如刘姓必溯祖为刘邦，萧姓多探源为萧何，都是这种攀强名流、附会望族的修谱心态之反映。

家谱中，家族迁居（开基）始祖之下的代系排列严格分明，不容混淆。这往往是家谱中最具史实价值的部分。许多家族都实行名字排行制（古称“昭穆”），俗称“排辈分”。即在同一辈分的族人中名或字须用某个统一规定的单字起头，再与其他单字结合成名或字，以示区别。如某一父辈生三子，儿辈名按“永”字排列，分别称“永志”、“永仁”、“永贵”。如此，在家谱中一看“永”字排行便可知其为兄弟或堂兄弟辈分。

在这种宗族观念下，一般排辈分主要体现在男丁中，女子不入宗谱，故不采纳。行辈字是宗族内部按一定次序排列的，并不是父母或本人可以随便选用的。宗谱的行辈字派用以加强宗法制度，所以其用字也充分反映了这一目的，主要有三类，一类是美德或吉祥的字，如：德、仁、明、孝、福、禄、吉、祥、贤等；第二类是希望宗族延续和昌盛的字，如：永、传、昌、盛、兴、延、继、承等；第三类是怀念先祖和歌颂皇天恩德的字，如：泽、祖、显、荣、恩、锡、启、先等。家谱的行辈字派是家谱中尤其重要的内容，一般由家庭中的某一位名人制订，编成几句吉祥话，有的文人甚至将其写成诗，比如浙江《唐氏宗谱》的行辈字派是“福禄永昌隆，和良端世美，才智瑞宁聪”；湖北《汪氏宗谱》的行辈字派是“正大光明，成先于后，世泽延长，齐家有猷”。

值得一提的是，孔府作为“天下第一家”，历代修谱都非常严格，他们前面的辈分自己定，后面都是御制的。明洪武三十三年，朱元璋第一次向孔府御赐十个字：希言公承彦，宏闻贞尚衍。清乾隆五年，乾隆皇帝再御赐十字：兴毓传继广，昭宪庆繁祥。清道光十九年，道光皇帝又御赐十字：令德维垂佑，钦绍念显扬。这些御赐排名用字给家族的排辈（认宗）提供了极大方便。孔氏家族规定，必须严格按照皇帝赐给的行辈取名，不准随意取用，这样便确保了行辈的排行次序，很容易就可区分出行辈。为此，孔府曾专门颁布《孔氏行辈告示》：“立行辈所以分尊卑，定表字所以别长幼。迩来我族人满数万丁，居连数百里。岂唯目不能偏识，而且耳不能遍闻。若无行辈则昭穆易紊，无表字则称谓不论。在前业经奉旨更定。今依所定吉字开列于后，凡我族人俱当遵照后开行辈，取名训字。有不钦依世次随意妄呼者，不准入谱。”同时，孔氏家族在明天启年间修谱时还曾规定：“义子不能入谱，违者重究。”因此根据谱系及排行字辈，我们可以推知孔祥祯是孔子第75代孙，孔令朋为第76代孙，孔德懋为第77代孙女。到了1920年，孔子的第76代孙衍圣公孔令贻又在自己家谱的这三十字后面补续了二十个字“建道敦安定，懋修肇益常，裕文焕景瑞，永锡世绪昌”。所以只要是孔姓子孙，不论在世界何处，只要知道姓名，一般就可以推断出其是孔子的第几代孙，确立双方长幼关系便一目了然。

这种按家谱排辈分的方法，在农村常可见到，由于世系分支发展速度不一，一些年届七旬的老翁，要向三岁稚童称“叔”或“伯”。有些地方的风俗称之为：“白头哥，坐地叔”（即对平辈的白头老翁仅呼“哥”，而尚在襁褓中的叔辈，即使上年纪老者也要唤其为“叔”）。这在我们的日常生活中亦很常见，按辈分，很多年龄大的人却得称呼年龄小的人为叔叔或姑姑，这就是我们所说的其辈分大。

人名是一种语言现象，是文化的载体，反映着社会的变化；人名还是一种文化现象，蕴涵着丰富多彩的文化内涵。人名的内容是符号化的社会、文化和历史的概括。不管中国人的人名有多么复杂，都可以从一个人的姓名中窥见其民族、地位、家庭、身世、文化、教养、爱好等，可以说名字是信息量最大的汉字符号。

近年来，海内外华人兴起一股查找家谱的热潮。复旦大学历史地理研究所所长葛剑雄认为，随着社会安定和经济水平的提高，人们的家族观念等精神层次的需求随之增强；此外，当今社会人口流动比较剧烈，“少小离家老大回，乡音未改鬓毛衰”并不罕见，寻根问祖成为游子的普遍需求。

今后，全球华人寻根问祖将有“路线图”。上海图书馆历经 7 年编纂，备受海内外关注的《中国家谱总目》已经完成。

据总目主编、上海图书馆历史文献研究所所长王鹤鸣介绍，这是第一部全面收集海内外华人家谱资料的工具书，也是有史以来最齐备的中国家谱目录。有了这个目录之后，海内外华人寻根问祖更加方便。

据介绍，《中国家谱总目》共收录了 643 个姓氏，涵盖了《百家姓》中绝大部分姓氏，并比《百家姓》多出 205 个姓氏。其中，家谱著录条目超过 2000 条的姓氏有陈、张、王、刘、李；超过 1000 条的姓氏有黄、杨、吴、周、林、徐。此外，还不乏许多稀有姓氏的家谱，如“把”姓、“是”姓等家谱。而且还收录有很多少数民族的家谱，如黑龙江牡丹江梅和勒氏宗谱，辽宁沈阳铁氏族谱、脱氏宗谱，辽宁北票孛尔只斤氏宗谱，山东日照法氏宗谱等。

编纂中，华人家谱的多宗“最”也浮出水面：一是现存最早的家谱是宋内府写本《仙源类谱》。这是一份宋朝皇家赵氏的家谱，赵匡胤的名字便在其上，至今已有 1100 多年。二是人口资料保存最完整、家族成员最多的家谱是孔氏家谱。如 1937 年由孔德成等纂修的孔子家谱，就足足有 154 册。三是家谱数量最多的是陈氏家谱，共 2752 种；其次是王氏家谱，共 2317 种。

此外，《中国家谱总目》还将用文字提要概述出各特色家谱宗族的迁徙路线，涉及 2 万多份家谱。这项工作完成后，普通读者如知道宗族堂号、始祖及始迁祖、名人和聚居地等基本信息，便有望查寻出自家一脉相传的上千年生活、迁徙历史。总目编纂完成以后，上海图书馆还将编制多种索引方式，并对其进行数字化编排，“全球华人可足不出户获得家族史线索”。

专家表示，每一部家谱就是一个家族的百科全书，蕴藏着这个家族很多独一无二的经济文化生活资料，是诸如历史学、经济学、人口学、民族学、教育学的丰富资料来源。从这个意义上说，《中国家谱总目》还将满足全世界各种学科对中国家谱资源开发整理的迫切要求。

姓与“郡望”

戏曲《西厢记》作为古典版男女爱情的千古绝唱，它在叙说爱情故事的同时，还提出了一个与姓氏有关的话题：姓氏郡望，或简称“姓望”。

话说唐代大诗人元稹，与崔家小姐莺莺一见钟情，但莺莺的母亲嫌弃元稹既有鲜卑族血统，门户又太低，以“门不当户不对”为由棒打鸳鸯。元稹以这段失意的感情为基础写成传奇《莺莺传》，元代杂剧家王实甫将其进一步演化，是为《西厢记》。

不少看过《西厢记》的读者难免有些纳闷：张生的父亲是尚书，莺莺的父亲是宰相，相差并不大嘛，怎么就“门不当户不对”了？其实当时的“门当户对”并不是看官职高低，而是看姓氏郡望，即是否出身于名门望族。崔老太太所说“崔氏三代不招白衣女婿”也是事实，因为莺莺的父亲源自博陵崔氏，母亲源自荥阳郑氏，都在天下四大名门望族之列，而张生源自西洛张氏，并非海内望族，因此张生就无法和莺莺匹配。于是莺莺就由父母做主，被许配给了名门望族荥阳郑氏。

同学们学文学史，学到韩愈的称号的时候，也会有一个疑问：韩愈明明是河南河阳（今河南孟州）人，但他为什么总是以“昌黎韩愈”自称呢？

这都涉及姓氏的“郡望”的问题。

所谓“郡望”，其实就是“郡”与“望”的合称。“郡”是开始于先秦，盛行于秦汉、魏晋时期的一种行政建制、行政区划，在唐朝以后逐渐被废除。“望”指的就是“望族”，即有声望的姓氏大族。“郡”、“望”合一最初的含义就是指一个郡中的望族。这些宗族世代聚族而居在某个固定州郡之中，因世代出英才、门庭显赫而为当地人所敬重和仰望，成为该郡望族，故称“郡望”。随着时间推移，“郡望”还被用来指称“一个家族的根源和发源地”，即一个姓氏或家族的郡望，就是指这个姓氏或家族所发源的那个郡。

秦汉以后，随着家族的繁衍迁徙，姓氏原有的以血缘论亲疏的文化内涵逐渐淡化，而以家族地望明贵贱的内涵成了姓氏文化最为突出的特点。

在汉代社会稳定的基础上，经济繁荣起来，一些地主、商人、官僚的财富迅速增长。东汉时期形成一批被称为“豪族”、“强宗大姓”的巨富。他们常常膏田满野，奴婢成群，连栋数百，徒附万计，在政治上权力也日渐增大。同时，官吏队伍中也产生了少数“门生故吏遍天下”的累世公卿之家。如四世三公的弘农杨姓，四世五公的汝南袁姓。他们这些大姓有很高的社会地位，门高势重，被当时称为“门阀”、“士族”。在“察举制”选择官吏的制度下，出生在这些家族里的士子很容易进入仕途。到了魏晋南北朝时期，又以“九品中正制”选择官吏，各州郡的大小“中正”官，往往就掌握在世家大族之手，更造成了“上品无寒门，下品无士族”的局面。这样各地陆续出现了一些高门大户，如清河崔姓、陈郡谢姓、范阳卢姓、平原华姓、东海王姓、太原王姓、陇西李姓、荥阳郑姓、山阳郗姓、河东裴姓和卫姓、北地傅姓、颍川荀姓和陈姓、琅邪王姓、扶风苏姓、京兆杜姓等，都成为高人一等的富门大姓。在上层人士之间也就逐渐形成了修族谱、讲门第的风尚，严格地“别贵贱，分士庶”，如有司选举，必稽谱而考其伪，甚至以国家法令规定士庶之间不得通婚，每一个郡中的“望族”被称为“郡望”，长期受到尊重。

高门望族为了维护其特殊地位，往往在高门之间自为婚姻以保持“血统”纯正。南朝梁武帝时北魏大将侯景归降，被封为河南王，显赫一时。为了在江左站稳脚跟，他求婚于王、谢两家都遭到拒绝，最后请梁武帝出面也无济于事。梁武帝无可奈何地对他说：“王、谢门第太高了，你高攀不上，还是到朱、张以下的望族中去挑吧。”其实在东晋南朝时期，王、谢、桓、庾这些高门大族相互通婚，水泼不进，连皇室求婚还得看他们给不给面子。

北魏时官方准备对汉姓重修谱籍，“陇西李氏”派人快马赶到洛阳，准备设法打通关节以便进入一等四姓，但还是没争过清河崔氏、范阳卢氏、荥阳郑氏、太原王氏。唐朝建立后，为此耿耿于怀的唐太宗李世民于是命高士廉等人重修氏族志，结果清河崔氏被列为第一，李世民大怒道：“我陇西李氏贵为天子，难道还要屈居崔氏之后吗？”不识趣的高士廉受到严厉斥责，只好乖乖地将陇西李氏列为第一。自此，李姓成为天下第一大姓，陇西李氏、赵郡李氏、清河崔氏、博陵崔氏、范阳卢氏、荥阳郑氏和太原王氏，并称“五姓七族”，门第最为清高。

那时，子女婚嫁首重门第。即使身为宰相的李义府也因不属“五姓七族”中之望族，在为其子向山东崔氏求婚时，也遭到拒绝。在《西厢记》中，崔莺莺是博陵崔氏之女，出身望族，故而老夫人宁食言毁约，也不愿将女儿配给无门望的张生，而要许婚给荥阳郑家，这正是唐代恃其望族，耻与他姓为婚的真实写照。

由于隋唐推行科举制，到唐朝中期以后，郡望与姓氏等级的政治意味逐渐消退，更多地表现出一种自我炫耀的身份象征。唐代士人好标郡望、多题郡望，以至官方修史亦不详细考辨人物家乡籍贯，而姑且题署郡望了事，时风所在，竟成为所谓修史之“原则”，造成了历史人物籍贯的极大混乱。唐著名史学家刘知幾曾参与纂修国史，在写《李义琰传》的时候如实写道：“义琰，魏州昌乐人也。”结果监修官竟指责他违背了写史原则，要他照李氏郡望改为“陇西成纪人”。例如“唐宋八大家”之首韩愈自称韩昌黎，也就是说他是韩姓最有名的郡望昌黎郡人氏。但实际上他的籍贯应该在河阳，即河南孟州。由此可见，郡望高低的社会影响之大，连韩愈这样品行高洁的士大夫都不能免俗。

唐末以后，由于“选官不问郡望，婚姻不分阀阅”，标榜郡望失去了实际意义，才使郡望的含义发生了根本变化。从此以后，郡望演变为姓氏的一种标志，不管是不是居住在同一地区的人，都可以“言李必称陇西郡，言周必称汝南郡”，而不必在意真正的居住地如何了。宋元以后，人们通常把郡望作为姓氏发祥地的代称。

一般来说，人口多的大姓氏郡望也多，人口少的小姓氏郡望也少。由于王、张二姓氏历来就是我国的人口很多的大姓氏，其郡望也较其他姓氏多。据不完全统计，王姓有 20 个郡望：太原郡、琅邪郡、北海郡、陈留郡、东平郡、高平郡、京兆郡、天水郡、新蔡郡、新野郡、山阳郡、中山郡、章武郡、东莱郡、河东郡、金城郡、广汉郡、长沙郡、堂邑郡、河南郡；张姓有 14 个郡望：清河郡、南阳郡、吴郡、安定郡、敦煌郡、武威郡、范阳郡、巴中郡、沛郡、梁郡、中山郡、汲郡、河内郡、高平郡。也有不少姓氏只有一个郡望，如丁姓氏只有济阳郡、于姓氏只有河南郡、并姓氏只有南阳郡、郑姓氏只有荥阳郡，等等。

时至今日，姓氏郡望的政治意义早就荡然无存，但人们仍然重视自己姓氏的来历和郡望，因为它是一种血统的延伸，是一种文化的延续，是一种寻根念祖的传统思想意识。寓居异国他乡的华人，大都把自己的姓氏、郡望、家谱视为命根子，常常以同姓、同郡望来联宗认亲。尤其近年来随着全球寻根热的兴起，海外炎黄子孙纷纷归国寻根问祖。姓氏郡望成为他们追寻家世渊源，谒祖朝宗的重要依据。

姓氏分布不平衡，大姓人口爆炸

中国古今使用的汉字姓氏，多达两万余个。但由于数千年的历史发展演变，各民族之间的文化交融，古今大量姓氏已经废弃不用，由此造成我国姓氏在全民人口中分布极不平衡的状况，表现为姓氏用字单调、大姓人口比例庞大等现象。

我国目前使用的汉字姓氏约为 3600 个，而在汉民族中有 87% 的人仅用了 100 个常用姓氏，即在 11 亿人口中约有 9. 5 亿多人只用了 100 个姓氏。在这 100 个姓氏中，王、李、张、刘、陈、杨、赵、黄、周、吴、徐、孙、胡、朱、高、林、何、郭、马等 19 个大姓的人口却占了汉族人口的 55. 6%，即全国大约有一半人口只使用这 19 个姓氏；而在这 19 个大姓中，居于前三位的李、王、张三个“超级大姓”则占了汉族人口的 22. 4%，其中以李姓最多，约占 7. 9%，王姓占 7. 4%，张姓占 7. 4%，这就是说全国约有 2. 5 亿的人只用了这三个姓。

大姓之所以“人满为患”，这是长期的历史积淀造成的。首先这些大姓在历史上往往就是“国姓”（帝王之姓）或是世族望姓，人口一直较多。如排列在当今人口最多的前面 19 个姓氏，曾为“国姓”者有：李、刘、赵、朱。

李姓——唐高祖李渊建立唐朝，立国 276 年（618—690，705—907）。

刘姓——汉高祖刘邦，开汉朝 411 年基业（西汉：前 202—25，东汉：25—220），另有蜀汉、北朝前赵、南朝宋，其君主也为刘氏。

赵姓——宋太祖赵匡胤建立宋朝，国祚 320 年（960—1279）。

朱姓——明太祖朱元璋建立明朝，国祚 294 年（1368—1661）。

李、刘、赵、朱四姓所立唐、汉、宋、明四朝，计为 1501 年，占了自西周共和元年（前 841）中国历史的文字记载开始获得保存迄今（前 841—2009）共 2850 年的信史时代的 46%，几近一半。这四姓对于中国历史、中国姓氏史的影响可谓大矣！

19 个大姓中的其他姓氏，有的也曾为“帝王之姓”，如王（王莽之新朝）、张（张茂之前凉）、陈（陈霸先之南朝陈）、杨（杨坚之隋朝）、孙（孙权之三国吴）、高（高洋之北齐）、郭（郭威之后周）、马（马殷之五代楚）等，其他黄、周、吴、徐、胡、林、何数姓，在历史上也多是望姓大族。这些“国姓”和“望姓”长期以来一直为帝王将相之姓氏，声势大，影响广，其人口也特别多；再加上通过赐姓，有不少别的姓氏（如汉、唐、明三代帝王曾大规模搞过赐姓）改为帝王之姓；另外，还有不少人出于各种原因，也纷纷改为这些“人多势众”的望姓。直到今天，仍有一些姓氏，主要是少数民族姓氏，也还在改从这些大姓。

经过历史的长期累积，这些姓氏的人口就无疑急剧增加，以致造成今天这样的大姓人口“爆炸”的情况。

中国古代的姓、氏、名、字、号

平时我们碰到一个陌生人，想与之沟通，总要问“您贵姓?”“您尊姓大名?”我们国家举行重大会议，公布人事安排，凡有多人担任同样职务，或其他场合如书的编者、作者为多人时，排顺序往往是“以姓氏笔画为序”。那么什么是姓氏？姓、氏是一样的，还是不同的？名又是怎么回事？我们在看古书，古典戏剧时往往会碰到同一个人在他的姓名之外，又有字、号的情况，有时还不止一个号，不同的场合，有不同称呼。这又是怎么回事？

这里就来讲一讲姓、氏、名、字、号的历史由来及演变情况。

凡人必有姓与名，姓与名既是人进入社会的首要信息，也是人的社会信息传递的主要载体。因此，从古至今，人们对自己姓与名十分珍重。

我国的姓与名，经历了漫长的演变过程，才发展到了今天人们所惯用的“姓名”。但在我国古代，并不是一开始就使用姓名的，而是先有姓与氏，后有名、字、别号，古人的一生有很多名字，各有用途，意义不同。

“姓”字，为左右结构，左从“女”右为“生”，从“女”而生，在母系社会里，子女只知其母，而不知其父，母姓为后代唯一能确定的尊亲，正如《白虎通·三纲六纪》所云：“古元时，未有三纲六纪，人们但知有母，不知有父。”“姓”是一个集合名词，是家族的标识，或表示与某个大家族的某一血缘关系更为亲近的部分。

氏只是在汉朝以前才独立存在，它是“姓”的分支，“姓”是氏族的族号，氏族的成员都是以这个族号作为自己的姓。

“名”，大体诞生于氏族社会时期，是用于辨别个体、区别他人的一种文字符号。许慎在《说文解字》中对其便有明确解释：“名，自命也。从口夕，夕者，冥也，冥不相见，故以口自名。”也就是说，在黄昏天黑之后，由于不能辨清对方面貌，便以代号相称，“名”由是产生。在我国传统习俗中，“名”是在婴儿出生百日之后由父亲取定的，据《礼记·内则》记载，到了这一天，由母亲和保姆抱着婴儿来到厅堂见他的父亲，父亲郑重地握住孩子的手，给他取名。名取定以后，母亲和保姆把孩子抱回内室，然后把孩子的名字通告亲戚，父亲则立即把这个消息告诉朋友，并报告地方长官，入籍登记。因此命名仪式非常隆重，是孩子一生中的第一件大事，这种习俗现在虽然没有了，但给孩子过“百日”的风俗依然长盛不衰。

相比于“名”的较早出现，“字”出现的相对较晚，相传始于商朝。《礼记·檀弓上》说：“幼名、冠字。”《礼记·曲礼》上说：“男子二十冠而字……女子十五笄而字。”《仪礼·士冠礼》则云：“冠而字之，敬其名也。君父之前称名，他人则称字也。”也就是说只有男子成年或是女子出嫁之时才取字，取字的目的是为了表示尊重，避免他人直呼其名。男子到了二十岁成人，要举行冠礼，而后可以走出家门，进入社会。女子长大后也要离开娘家而出嫁，未出嫁的叫“未字”，也可叫“待字”，所谓“待字闺中”便是由此得来。

这就是说，当一个人成年之后，由长辈原来所命的和多年来被长辈所称呼的“名”就不便在社会场合呼来喊去，就得另取一个供平辈或晚辈可以称呼的新名，即“字”。“名”是供长辈呼唤的，“字”是供平辈、晚辈和自己称呼的。

可见“字”的诞生，是为了表示尊重、恭敬的需要。如果说，取“名”是为了区分彼此，那么用“字”则是为了辨清尊卑。在古代，由于特别重视礼仪，所以名、字的称呼上是十分讲究的。在人际交往中，名一般用作谦称、卑称，或上对下、长对少的称呼。平辈之间，只有在很熟悉的情况下才相互称名，在多数情况下，提到对方或别人直呼其名，被认为是一种不礼貌的行为。平辈之间，相互称字，则认为是有礼貌的表现。下对上，卑对尊写信或呼唤时，可以称字，但绝对不能称名，尤其是君主或自己父母长辈的名，更是连提都不能提，否则就是“大不敬”或叫“大逆不道”。

一般来讲，“字”往往是“名”的补充或是解释，所谓“名之与字，义相比附”便是此意。纵观整个历史长河，众多人物所取的“名”与“字”大多有着相近、相反抑或是相互补充的关系。例如：屈原，字平，原为名，平为字，平与原二字相连。东汉末期的孔融，字文举，融为名，意为融会贯通，文举为字，文章一举成名，文星高照。而“唐宋八大家”之首韩愈，字退之，愈与退含义正好相反，南宋抗金名将岳飞字鹏举，飞与鹏又相互补充关联。

与“姓”、“氏”不同，“名”与“字”，取单复字均可，无论平民贵族均可享有，并未在一开始专属贵族。无论是两者在历史长河中的诞生时间，还是在个人成长的出现的先后顺序来看，都是先有“名”而后有“字”。两者各有其作用，名区分彼此，字辨别尊卑。而除了上述区别之外，名与字又是相辅相成的，两者并未有严格的界限。正因为此，在民国时期，为了避免起名字的繁琐混乱局面，名与字逐步合一，并演化成为今天的概念。

除了名、字，有些古人还有号。“号”是一种固定的别名，又称别号。封建社会的中上层人物（特别是文人）往往以住地和志趣等为自己取号（包括斋名、室名等）。如唐代李白的青莲居士、杜甫的少陵野老、宋代苏轼的东坡居士、明代唐寅的六如居士、清代郑燮的板桥等，都是后人熟知的；有些别号的使用率甚至超过本名（如苏东坡、郑板桥等）。别号是使用者本人起的，不像姓名要受家族、行辈的限制，因而可以更自由地抒发或标榜使用者的某种情操。

别号中常见的“居士”、“山人”之类就是为了表示使用者鄙视利禄的志趣。宋代欧阳修晚年号“六一居士”，就是以“一万卷书，一千卷古金石文，一张琴，一局棋，一壶酒加上他本人一老翁”，共六个“一”取名。南宋爱国诗人陆游忧世愤俗，被权贵们讥为不守礼法，他就自号“放翁”，表示对他们的蔑视。有以号明志的，如宋周敦颐称濂川先生，明归有光称震川先生，王夫之称船山先生等。还有在死后由门人、后人上的尊号（“私谥”），如晋代陶潜的靖节等。谥号，即死后由皇帝颁赐的荣称。如宋包拯称包孝肃、岳飞称岳武穆、清纪昀称纪文达等。

另外还有“绰号”，这大都是他人所取而得到公认的别号，是对人的刻画和形容。如《水浒》里梁山上 108 人个个都有绰号，大都准确地描摹了人物性格、特长或生理特点，这些绰号作为姓名的代称，更是人们所熟知的。如“黑旋风”李逵，“智多星”吴用，“豹子头”林冲，“花和尚”鲁智深，“青面兽”杨志，等等。

人类的姓氏、名讳的发展，是人类精神文明和物质文明的一部分。本来任何事物的名称和事物本质并没有多大联系，好的名称并不一定有好的本质，同样的道理，不好的名称并不一定是坏的本质，但是一旦这种名称和政治、经济、文化、民族相联系，便具有了文化学、政治学、社会学、民族学的意义。因此，我们对此研究，可以更深地了解一个民族的文化和历史。

传承姓氏文化

生而为人，首先有姓。姓是标志家族系统的称号，是社会交往的符号，涉及千万家，关系你我他。古代姓氏起源于人类早期生存的原始部落之中。姓氏为我们了解中华文明打开了一扇方便的窗口。世界上许多古文化早已连同创造它们的种族一起销声敛迹了，而中国姓氏文化则历经了四五千年始终延续和发展着。姓氏一直是代表中国传统宗族观念的主要外在表现形式，以一种血缘文化的特殊形式记录了中华民族的形成，在中华民族文化的同化和国家统一上曾起过独特的民族凝聚力的作用。

我国的姓氏文化源远流长，是民族文化的精髓，具有博大精深的内涵。姓氏合而为一，其作用主要在于“明血缘”和“别婚姻”，所以姓氏对家族、婚姻制度及相关道德规范、社会文化的形成和发展，影响特别大。

今天的现实是历史的发展，当我们一分为二地扬弃了“父纲至上”、“男尊女卑”等封建糟粕之后，就会发现现实生活中竟有那么多社会现象与姓氏文化有着一脉相承的内在联系。古代的“同姓不婚”中显然就内涵着某种优生优育的认识，家族中的“尊尊亲亲”已从积极方面弘扬为尊老爱幼的社会风尚。姓氏便是我们炎黄子孙的根，无数海外游子回归祖国寻根问祖，表现了他们爱国爱乡不忘根本的美好情操。我们中华民族强大的凝聚力由此而维系。

过去老人常说，盛世修史、修谱，也是基于这一原因。我国究竟有多少姓？据台湾学者王亲存所著《中华姓府》统计有 7720 个。而实际上，古今实用的汉字姓氏已逾一万个。姓氏文化的觉醒，姓氏文化的发展，大大丰富了中华文化宝库，使国家民族更具有凝聚力，使社会更加趋于和谐安定，使每个人更能找回原本属于自己的自尊自信，从而提高社会的总体道德水平。

“参天大树，必有其根；怀山之水，必有其源。”当我们对《百家姓》中几百个姓氏刨根问底时，就会发现这样一个有趣的现象：虽然百家姓氏很多都是分属不同的家族，干支有别、亲疏交杂、盘根错节，但追查到最后，往往归属到原始社会时代少数的几个部落，归属到炎帝和黄帝。许多不同的姓氏、不同的人，看似毫无瓜葛，却完全有可能找到来自远古的血亲关系，要么源自同一个部落，要么姻缘关系千缠百结。所谓“五百年前是一家”，某种程度上很有道理，随便把一个中国人叫做“骨肉同胞”并非只是出于客套。

一个姓氏的背后是一个家族漫长的发展史，《百家姓》看似一本单纯的识字教材，实际上却与社会上形形色色的人们密切相关。人们读《百家姓》，在关注自己姓氏的同时也在关注着家族的历史。这种历史为人们找到了每个个体生从何来的宗脉源流，使人们在心灵深处产生血亲意义上的归属感，启示人们给自己在这个宗脉上准确定位，逐步确立自己在历史与现实的坐标系中的人生坐标，促使人们勇敢地承担起自己对这个家族的责任感与使命感。这种情感扩而广之，就是一个人对国家与民族的责任与使命。无数的家族构成了社会与国家，家国一体，家族成为中国古代宗法制社会最为基本和最为牢固的自然实体和政治实体。数千年来，家族和家庭一直是中国人精神生活的核心，在中国社会，一个人的努力就是为了家国的荣耀、光宗耀祖，进而以天下为己任得到国人的广泛认同。同时，《百家姓》中的几乎每个家族，发展到今天，总会有一些辉煌的业绩和杰出的人物，这不仅是对这个家族、这个姓氏的一种直接肯定，而且还在无形中给属于这个家族的人们一种自豪感、一种莫大的精神鼓励，成为他们承担振兴家国使命的最好榜样，不断地激励着他们勇猛前进、不辱家族使命。伟大诗人屈原在《离骚》中曾对自己的出身津津乐道：“帝高阳之苗裔兮，朕皇考曰伯庸。”不凡的家世使他产生无比的自豪感和神圣的使命感，流放荒野，心系怀王、情寄楚国，写出了流传千古的爱国主义诗篇。

研究《百家姓》可以得到这样的启示：多数人都可以在这本书里找到属于自己的那个字，每一个字都凝结着一个家族的荣辱，每一个家族都与其他家族之间血肉相连、亲缘不断，无数个家族联合起来共同组成中华民族大家庭。一个人不管来自哪个家族、姓甚名谁，他们都被统称为“炎黄子孙”，这就是所谓的“天下一家”。这种大中华的大爱亲情观念，把每一个在中华文明的熏陶下成长起来的中国人从精神上连接在一起，给每一个人一种民族文化的认同感和归属感，成为中华民族的核心价值观，为世代中国人在灵魂深处构筑了一个美好的精神家园。

附录

中国的趣味姓氏

中国的姓氏数以万计，其中不乏一些有趣的姓氏，常常让人捧腹不止。比如“一二三四五”“油米酱醋茶”居然也都是姓氏。以下一一列举。

数字姓氏：一二三四五

明代文学家冯梦龙在其著作《古今谭概》里讲了这样一个笑话：某县令的夫人姓“伍”，平日里骄横跋扈。有一次会见丈夫下属官员的妻子时，她指着其中一个问道：“你贵姓?”下属官员的妻子回答：“免贵姓陆。”县令夫人听了很不高兴，心想，你丈夫官职比我丈夫的低，我才姓伍，你居然敢姓陆！于是，她又指着旁边一位女子问：“你姓什么?”这位女子回答：“我姓戚。”这下，县令夫人受不了了，她跑到丈夫那里，劈头大骂：“我才姓伍，你下属官员的妻子却姓‘陆’姓‘戚’，说不定还有姓‘八’姓‘九’的呢……”这位县令夫人虽然无理取闹，但她还真是说对了，在我国，不仅有人姓“一二三四五”，也有人姓“六七八九十”，甚至百、万、亿、兆这些计量单位都是姓。这就是我国姓氏中很有趣的数字姓氏。

日常生活用品：柴米油盐酱醋茶

柴米油盐酱醋茶是我们日常生活中必不可少的，这些字也能入姓吗？在一次媒体调查中，居然把这 7 个姓全找出来了。有些人数还不少，像姓“柴”，全国有 80 多万，据说是春秋时期，齐国贵族中有一个叫高柴的人，他的子孙以他的名为姓，形成柴姓。比如《水浒传》中“小旋风”柴进。姓“米”的人也有 30 多万，散布在全国各地，据说是隋唐时，西域有一米国，后其居民移入中原，后代便以米为姓，比如北宋书法家米芾。其他的姓人口就很少了，像油姓、盐姓都是只有千百来人。

方位姓氏：东南西北

方位姓氏也十分有趣，不仅有姓东南西北的，也有姓上下左右的，这些姓氏中，还不乏名人，比如左丘明、左宗棠，他们在我国历史上都是鼎鼎有名的。追踪方位姓氏的起源，有个共同的特点，就是它们常常是自复姓演变而来，比如东门、东宫、南宫、西门、北郭等复姓，后来逐渐简化成东南西北。

珍贵姓氏：金钱富贵

平常我们结交朋友，初次见面时，常常会客气地问："您贵姓?"对方就会回答："免贵姓某某。"中国人自古就讲究礼节，但有时这样的客气大可不必，因为有些姓氏本来就很贵气，比如"金""钱""银""富""贵"等。

动物姓氏：猪马牛熊

还有些姓氏是以动物名为姓的，或者听起来像动物，比如：朱（猪）、牛、苟（狗）、杨（羊）、吕（驴）、马、熊、鲍、侯、袁（猿）、鹿。我们平常在称呼别人时，熟人之间，常常喜欢加个"老"或"小"，这样就会形成"老牛""小熊"这样的称谓，听起来别有一番滋味。

除了以上这些，有趣的姓氏还有许多。五官为姓如耳鼻牙；时间为姓如春夏秋冬日月秒分时旬季年岁；干支为姓如甲乙丙丁戊已庚辛壬癸、子丑寅卯辰巳午未申酉戌亥；五常为姓如仁义礼智信；行业为姓如工农兵学商艺师陶房医税劳；颜色为姓如赤橙黄绿青蓝紫红黑白；气候为姓如风云雷电雨雪；中国各民族名称为姓如苗蒙回土怒壮；等等。

形形色色的百家姓，衍生出一个个有声有色的故事，探究它们背后的故事，更是韵味无穷。几千年华夏文明，姓氏文化是其中重要的组成部分，值得我们仔细探索和研究。

容易读错的姓氏

有些姓氏，如按汉字的普通习惯去读，就会读错，因为它们在作为姓氏时，有其特殊的读音，这在姓氏学上被称为“异读”。出现异读的主要原因是由于姓氏中保留了古音，以及受地方方言影响所致。

常见的姓氏异读用字有：

区：音为 ōu（欧），常有人误读为 qū。

盖：音为 gě（葛），常有人误读为 gài。

朴：音为 piáo（瓢），常有人误读为 pǔ。

单：音为 shàn（善），常有人误读为 dān。

解：音为 xiè（谢），常有人误读为 jiě。

冼：音为 xiǎn（显），常有人误读为 xǐ。

尉迟：音为 yùchí，常有人误读为 wèichí。

还有一些容易读错的姓氏我们根据其本义来一一为大家解读。

查：本是检查、考查的意思，念 chá，但作为姓氏要念 zhā，著名武侠小说家金庸先生的本名便是查良镛。

教：指传授、教授之意时念 jiāo，但作为姓氏时要念 jiào。

任：本是信任、担任、任何之意，念 rèn，作为姓氏时念 rén，代表人物有老一辈革命家任弼时同志。

曾：指曾经、未曾之意时念 céng，但作为姓氏时要念 zēng，古有“唐宋八大家”之一的曾巩、清代名臣曾国藩，今有香港特首曾荫权。

缪：本是修缮的意思，如用在“未雨绸缪”时念 móu，但作为姓氏时念 miào，代表人物有清末著名宫廷女画家缪素筠。

晟：本是光明之意，念 shèng，如广东省有大型企业广晟集团，但作为姓氏时念 chéng。

单：本是不复杂、独一的意思，念 dān，但是作为姓氏时念 shàn，如三国时期著名谋士徐庶化名就为单福，隋朝名将单雄信。

乐：多音字，念 lè、yào 或者 yuè，作为姓氏时念 yuè，代表人物有战国后期著名军事家乐毅。

仇：本是仇恨之意，读作 chóu，但作为姓氏读作 qiú，且仇读作 chóu 时为“讐”的简体字，与读作 qiú 时字形字意均不同。

华：本读作 huá，作姓氏时应读作 huà，代表人物华佗。

中国姓氏的当代形式

上海《报刊文摘》曾载有这样一篇报道：江苏苏州有位孕妇怀孕6个月时，全家人就为小孩出生后姓什么展开了热烈的讨论。因为这个未来的孩子既是父系的独生子女，也是母系的独生子女，爷爷奶奶与外公外婆都希望能随他们的姓。于是各执己见，相持不下。经多次商讨，在孩子报户口前，外公拿出了最终方案，并获得了全家一致通过，这就是不随父姓、母姓而另取一个姓——“点”。其理由是：姓名本身只是一个人的特定符号，突破传统姓氏范围是完全可行的；“点”字下有四点，分别代表爷爷、奶奶、外公、外婆的四个姓；“点”字上为占有的“占”字，姓“点”即表明这个孩子为“全家占有”。报道认为，这一做法无疑是对传统思想的冲破，为解决“四二一家庭”（即独生子女家庭，爷爷、奶奶、外公、外婆四人，父母二人，独生子女一人）的特殊矛盾提供了有益的启示。

按照中国人的传统，姓是祖先所传，名是父母所授，名字不合意，或可自取一个，但这个姓是万万不能变更的。而如今，不但可以弃之不传，而且可以另造一个。

按照传统观念，姓氏代表的是家族、宗亲、血缘。一个人即使对家族再不满，也不能对自己的姓氏有意见。历史上的家族改姓，总有着万不得已的原因。改了姓氏，就等于抛弃了祖宗，断了香火。在中国人的眼里，姓是“传宗接代”的标志，具有强烈的生命血缘意识，孩子跟谁姓，就意味着他是谁家的后代（尤其是男孩），所以我们祖宗的老规矩一直是子承父姓，有女无子者，则借子传姓，或招一个“倒插门女婿”传姓。

在当今中国，由一对夫妻和他们的未婚子女组成的“核心家庭”已成为当今家庭结构（主要在城市）的主要成分，几千年来以男子为家庭中心的传统观念也正在逐渐消亡。家族制的破裂必然促使宗族观念淡薄；而商品经济的发展，又促使人们以利益、价值等新的需求标准来确定人际关系，传统的以血缘关系按宗族类别确定活动区域或交往对象的行为则已退居其次。再加之独生子女家庭普遍增多，使亲族间的关系网大为简化。在这种社会生活的急剧变动下，传统的姓氏观念产生了根本性的动摇，这表现在：

（一）子承父姓的习俗已发生变化，子女可以从父姓，也可以从母姓，或以父母合姓作为名字，有的甚至另取一个新的姓。

（二）现代社会不论姓氏，不论性别，不论门第，不论家族，只有职务之分，而无尊卑之别。一个人的价值取决于他（她）的智慧才干和对社会贡献的大小，与他（她）姓什么，出身什么家庭，已不甚重要。因此，姓氏仅对家庭具有意义，而对整个社会来说，意义已不大。姓氏已不再具有以前那样严格的固定性，人们可以根据自己的需要改变姓氏，他人无权干涉。《民法通则》第99条规定："公民享有姓名权，有权决定、使用和依照规定改变自己的姓名，禁止他人干涉、盗用、假冒。"

（三）"姓"、"名"合一的趋势正在开始，这主要流行于知识分子群体。例如有的作家、艺术家长期使用固定的笔名、艺名，而原名却被淡忘了。笔名可能是一个词语，如碧野、柳青、田地，这就很难区别其中某字是姓，某字是名或者都不是。如李芾甘的笔名叫"巴金"，他到底是姓巴名金，还是就叫巴金而不必再分姓名，无论何种情况人们对此都不会深究。

公安部2007年6月出台了《姓名登记条例（初稿）》，已由公安部研究起草完成，并下发各地公安机关组织研修。这个姓名条例有几点可以关注。

（一）子女起名立新规，父母双姓可同用。

《姓名登记条例（初稿）》中首次对公民起名作出硬性规定：公民应当随父姓或者母姓，但允许采用父母双方姓氏。子女采用父母双方姓氏时，可按照双姓起名，但不算作复姓，按照目前我国现有1601个姓氏计算，这种做法将新增128万个双姓，从而缓解大姓人口姓名重复的问题。

从我国实际情况来看，允许子女随父姓或母姓，提倡采用父母双方姓氏，既可以表明子女与父母双方的家族和血缘关系，同时对于解决大姓人口的姓名重复问题，也具有积极意义。

（二）取名用字有限制

对于公民取名用字，应当在一定前提下予以必要的限制。《条例》规定：姓名不得含有下列内容：1. 损害国家或者民族尊严的；2. 违背民族习俗的；3. 容易引起公众不良反应或者误解的。

考虑到我国姓名所用字数中单姓的通常为二至三个汉字、复姓或者采用父母双方姓氏的多为三至四个汉字，《条例》规定：除使用民族文字或者书写、译写汉字的以外，姓名用字应当在两个汉字以上、六个汉字以下。比如：丈夫姓郑，妻子姓付，他们就可以给孩子取名“郑付贝克汉姆”。

《条例》规定，姓名不得使用或者含有下列文字、字母、数字、符号：1. 已简化的繁体字；2. 已淘汰的异体字，但姓氏中的异体字除外；3. 自造字；4. 外国文字；5. 汉语拼音字母；6. 阿拉伯数字；7. 符号；8. 其他超出规范的汉字和少数民族文字范围以外的字。

（三）变更：改名一生只有一次

《条例》规定子女采用父母双方姓氏时，可以按照双姓起名，不算作复姓，一旦实施，很多父母可能就会打算将子女的名字进行更改，而《姓名登记条例（初稿）》中同时还规定，为了防止滥用姓名权，频繁变更名字现象的发生，条例实施后，我国年满十八周岁的公民申请办理名字变更登记的，以一次为限。

姓名本身就是人类进化到一定程度上所出现的产物，随着社会的发展，我们的姓氏制度还将继续发生变化。